押谷由夫・諸富祥彦・柳沼良太 編

新教科道徳はこうしたら面白い

道徳科を充実させる
具体的提案と
授業の実際

図書文化

序文——「特別の教科 道徳」にどんな夢を託しますか

 「道徳教育とは何か」と問われてあなたは何と答えますか。私は躊躇なくこう答えます。**"かけがえのない私，どう生きる"と自らに問いかけ，自分らしく追い求めること**」。それは，自分の未来を夢と希望のあるものにしていくことにほかなりません。
 わが国の教育の指針を示す教育基本法は，教育の目的は「人格の完成を目指す」ことであることを明記し，「自己の人格を磨き」続けることによって，「豊かな人生が送れるように」することであるとしています。豊かな人生とは，生きがいのある人生であり，幸せな人生にほかなりません。まさに「かけがえのない私，どう生きる」を主体的に追い求める人間の育成を求めているのです。
 そのためには，何が必要でしょうか。教育基本法では人格の基盤が道徳性であることを示しています。道徳性の育成を図るのが道徳教育であり，その要としての役割を果たすのが，「道徳の時間」です。その「道徳の時間」が「特別の教科 道徳」として抜本的に改善され充実されるのです。
 それはどういうことでしょうか。一言で言えば，**学校を生き生きとした真の人格形成・人間形成の場にしよう**ということです。それは学校の本来の姿にほかなりません。学校で，子どもたちは目を輝かせて生活し，学び，心の交流を深めていきます。そのような生き生きした子どもたちの姿の背後には，自分の生き方の指針となる道徳的価値意識があります。その部分をしっかりと育むことによって，子どもたちの生活や学習はよりよい自己の形成やよりよい社会（集団）の創造を後押ししていくのです。
 さらに，「特別の教科 道徳」の設置の背景には，**子どもたちの問題行動の多発・深刻化への対応があります**。いじめはどうして起こるのか。突き詰めれば，人間の独自性である価値志向の生き方ができることにあります。よりよく生きようとする心があるために，うまく伸ばせられない自分にイライラしたり，他人と比較して劣等感をもったり，妬んだりするのです。それがいじめへと発展する可能性はだれもがもっています。

つまり，いじめの対策は対症療法的なものでは解決しないのです。もっと根源的な人間として生きるとはどういうことか。そのための課題は何か。その課題を克服し，人間らしい生き方をすることが人間の尊厳性であり誇りであることを自覚する指導が不可欠なのです。

　そしてもう一つ押さえておくべきことがあります。それは，**今日の社会の急激な変化と，次々に起こる事象への主体的対応が求められる**ことです。変化の激しい社会は，人間らしい心の交流を少なくさせていきます。また次々に起こる事象に対して，主体的に対応するには，事象をしっかり見つめて，目標を明確にし，共に協力して取り組む姿勢が不可欠です。

　学校教育に求められる課題のほとんどは，未曾有の社会変化が起こるなかで，いかに生きるかにかかわるものです。それらをバラバラに取り組むのではなく，これからの社会をいかに生きるかを道徳的価値意識の形成とかかわらせて学ぶ道徳教育を根幹に据えての対応が求められるのです。

　本書は，このようなこれからの教育改革の中核を担う「特別の教科　道徳」にどのように取り組んでいけばよいのかについて，**理論面と実践面から追い求めていこうとするものです。第一線で活躍されている先生方の渾身の理論的，実践的提案**がなされています。

　最後に，皆さんに問いかけます。「**あなたは，これからの道徳教育に夢や希望を託せますか**」。道徳教育は子どもたちに夢や希望を育むものであるならば，そのことを行う教師や大人が，これからの道徳教育そのものに夢や希望を託せなければ効果的な指導はできません。

　教育は国家百年の計だと言われます。その中核に道徳教育があります。**皆さんの夢や希望を託せる道徳教育にする絶好の機会**です。子どもたちと社会の未来を拓くために，知恵を出し合い，協働しながら，世界に発信できる真の道徳教育を創り上げていこうではありませんか。

　平成27年5月

押谷由夫

まえがき

I

　いよいよ，道徳が「教科」になる。新しい教科「道徳科」となるのだ。
　いまが，道徳が「ほんもの」になるための最大のチャンスである。
　この機会を逃しては，道徳が「ほんもの」になるためのチャンスは二度とめぐってこないだろう。道徳教育の改革にとって，いまこそが「山場」であり，「正念場」である。
　この本は，その「道徳教育にとってもっとも大切な時期」を迎えるにあたって，道徳授業が子どもたちにとって，真に「面白くて，ワクワクして，ためになる（＝資質・能力の育成に役立つ）」ものにするための本である。
　さらに言えば，すべての教師にとって同じように道徳授業が，真に「面白くて，ワクワクして，ためになる（＝教師としての資質・能力の形成に役立つ）」ものにするための本である。なによりもまず，教師自身にとって，「面白くて，ためになる」ものにならなければ，道徳授業が生きたものになるはずはないからである。
　この本を読んでまず，先生方自身に「道徳授業は面白い」と思っていただきたい。教師自身が「これは面白い」と思ってやらなければ，その面白さが子どもたちに届くものになるはずはない。
　この本を読んで，「おぉ，これが面白い！」「この授業であれば，私自身が子どもであっても，ぜひ受けてみたい。すごくエキサイティングであるにちがいない！」と思える授業をつくっていただきたい。授業に限定せず，幅広い意味での道徳の実践に取り組んでいただきたい。
　それが，私たちの一番の願いである。

II

　ところで，「道徳」の教科化は，私たち道徳教育に取り組んできた者にとって「悲願」であった。私の場合に関して言えば，いまから32年前，学部の3年生のとき（20歳のとき）に筑波大学の授業で道徳教育論の「演

習」をとって以来，じつに「32年がかり」の念願がかなったと言ってもいい。
　学部の3年生のとき，道徳教育の実情を知ったとき，私は正直，愕然とした。それは，こんな思いであった。
　教育は，そして当然ながら学校教育は，「人格形成」をめざすものであるはずだ。「すばらしい人間」を，「最高の人間」をつくっていくことが，目的であるはずだ。つくっていく，という言い方が不遜であれば，子どもたちがみずから「最高の人格」「最高の人間」をめざし，「すばらしい人生」を生きることができるように，そのために必要となる「資質・能力」を育てることをめざすもののはずだ。
　私が，もともと「教育」に携わりたいと思ったのは，そのような「すばらしい人間」「最高の人格」を生み出したいからであった。この国が，いや，この世界が「すばらしい人間」「最高の人格」でいっぱいになること。それが，「この世界をすばらしい世界に変える」ための最善の方法であり，それはただ「教育」によってしかなしえない。そう思ったからこそ，「教育」の世界に携わりたいと思ったのである。
　そして，その学校教育における「人格形成」の柱が「道徳」であった。「道徳」の時間は，学校教育のなかで，その中心目標である「人格形成」に直接取り組むことのできる唯一の時間であった。
　にもかかわらず，道徳の時間は，あまり大切にされているように思えなかった。ほかの活動にすぐ振り替えてしまう先生が少なからずいた。大学で勉強した「世界の道徳教育」にはさまざまな方法があるのに，日本の学校の道徳の時間は，きわめてワンパターンで，読み物資料の主人公の気持ちを追うばかりであった。まるで「鎖国状態」であり，国語や算数など，ほかの教科に比べて，はるかに見劣りしているように思えた。
　その「道徳」が私が研究しはじめて32年後についに「教科」になった。
　これで「外枠」は整った。あとは，「中身」である。
　さぁ，みなで「本気で面白い，道徳授業」をつくろうではないか！
平成27年5月

諸富祥彦

新教科・道徳はこうしたら面白い　目次

序　文…2
まえがき…4

第1章　理論編

1　「特別の教科　道徳」を要に学校を真の人間形成の場にしよう…10
2　道徳科授業はこうすれば面白い…18
3　「新教科　道徳」はこうしたら面白い…27
4　新教科「道徳」はこんな工夫ができる！…35
5　新教科「道徳」でコンピテンシーを育てる…43
6　新教科「道徳」の評価…51
7　新教科「道徳」で行うモラルスキルトレーニング…59
8　新教科「道徳」で行う礼法の授業…65
9　新教科「道徳」で活かせるソーシャルスキルトレーニング！
　　──「何」を伝えるか，そして，「どのように」伝えるか…72

第2章　実践編　小学校

1　「いじめ未然防止」に即効性のある道徳授業…80
2　総合単元的な道徳の授業
　　──シティズンシップ教育, IT教育を踏まえて…88
3　発問の工夫と板書の可視化による道徳授業
　　──「ぼくのたからもの」を使った実践より…96
4　自己の生き方をつくりだす道徳授業に生かす「1・3プログラム」…104
5　思いどおりにならなくてもあきらめないセカンドチャンスを求める気持ちを育てる道徳授業…112
6　「問題解決学習」における「多角的な思考の流れ」を可視化した授業
　　──フローチャートによる板書とワークシートの工夫…120
7　多様な価値観を表出させる対話活動の授業…128
8　偉人・先人を取り上げる道徳授業…136
9　個性の伸長をめざした総合単元的な道徳授業…144
10　道徳的価値の積み重ねを意識した道徳授業…152
11　低学年における問題解決的な道徳学習の工夫
　　──道徳的価値の理解をいっそう深め自己を見つめるために…160
12　人間関係を築く資質・能力を育む問題解決型道徳授業…168
13　「魅力的な人物との出会い」の演出・対比を生かした道徳授業…176

第3章　実践編　中学校

1　「J-POP音楽」を取り入れた授業…186
2　日本人としての自覚を深める道徳授業…194
3　自作資料「あの時のおばあちゃん」を活用した「いのちの教育」…202
4　格言で先人や先哲の生き方や考え方を教える授業…210
5　問題解決的な学習とソーシャルスキルによる「異性の理解」の授業…218
6　道徳性の認知的・情意的・行動的側面から総合的に働きかけていく授業…226
7　ホワイトボードを活用して「友情」について考える授業…235

あとがき…243

新教科・道徳はこうしたら面白い

第1章
理論編

第1章 理論編 1

「特別の教科　道徳」を要に学校を真の人間形成の場にしよう

押谷由夫

　道徳教育が大きく動きだした。文部科学省では，道徳教育の抜本的改善・充実と銘打ってさまざまな改革を行っている。その目玉となるのが「特別の教科　道徳」である。「特別の教科　道徳」とは，学習指導要領では，どのように規定されているのかを踏まえて，これからの道徳教育と「特別の教科　道徳」の授業の工夫のポイントについて述べてみたい。

1　「特別の教科　道徳」は，どのように位置づけられているのか

　「特別の教科　道徳」の教育課程上の位置づけから確認したい。総則には，学校における道徳教育は教育活動全体を通して行われ，その要として「特別の教科　道徳」が位置づけられている。学校教育法施行規則には，教育課程の中に「特別の教科である道徳」が位置づくことが明記されている。これは何を意味するのか。大きく2つのことを押さえる必要がある。
　まず，「特別の教科　道徳」は，教科の中に位置づけられたということである。「道徳の時間」は教科の枠外に置かれていたが，「特別の教科　道徳」は，教科の枠内に置かれ，教科としての対応と指導が求められる。
　もう1つは，各教科と横並びではなく，「特別の教科」として位置づけられているということである。何が特別なのか。それは道徳の特質による。つまり，「特別の教科　道徳」は，学校における教育活動全体で行われる道徳教育の要としての役割を担うのである。このことは，各教科等と密接なかかわりをもちながら，道徳独自の要としての指導を充実させねばならないということである。この意味で，「特別の教科　道徳」は，各教科を

含みこむスーパー教科として位置づくのである。

2　「特別の教科　道徳」の目標はどうなっているのか

(1) 道徳教育の目標
――自律的に道徳的実践のできる子どもを育てる

道徳教育の目標は，次のようになっている。

> 「道徳教育は，教育基本法及び学校教育法に定められた教育の根本精神に基づき，自己の生き方（人間としての生き方）を考え，主体的な判断の下に行動し，自立した人間として他者とともによりよく生きるための基盤となる道徳性を養うことを目標とする」（カッコ内は中学校）

つまり，道徳教育の目標は道徳性の育成であり，その道徳性は，自分の生き方を主体的に考え，追い求め，自立した人間となり，みんなでよりよい社会を創っていくことを根底で支えるもの，ということになる。道徳教育は，まず人間としての自分らしい生き方について考えられるようになること。そして，人間としての自分らしい生き方を具体的な生活や学習活動などにおいて追究していくこと（行動していくこと）を通して，社会的に自立した人間となっていくことを求めている。言い換えれば，道徳教育は自律的に道徳的実践のできる子どもたちの育成をめざすのであり，学校を真の人間形成・人格形成の場としていくことをめざしているのである。

(2)「特別の教科　道徳」の目標
――人生や生活に生きて働く道徳性を育てる

そのことを踏まえて，「特別の教科　道徳」の目標は次のように定められている。

> 「よりよく生きるための基盤となる道徳性を養うため，道徳的諸価値についての理解を基に，自己を見つめ，物事を（広い視野から）多面的・多角的に考え，自己の生き方（人間としての生き方）についての考え

> を深める学習を通して,道徳的な判断力,心情,実践意欲と態度を育てる」(カッコ内は中学校)

　まず,「特別の教科　道徳」は,全教育活動で行う道徳教育と同様に,「よりよく生きるための基盤となる道徳性を養う」ものであることを明記している。そして,道徳教育の要としての役割を果たすために,まず,「道徳的諸価値について理解」を深めることを求めている。それは同時に,道徳的諸価値が人間の特質を表すことから人間理解を深めることになる。そのことを基にして,「自己を見つめる」。つまり,道徳の授業では,道徳的価値に照らして自己を見つめるのである。それは,道徳教育の目標にある「人間としての自分の生き方を考える」基本であるということになる。

　さらに,「特別の教科　道徳」では,道徳的諸価値の理解を基に,「物事を多面的多角的に考え」ることを求めている。それは,道徳教育の目標の「主体的に判断し行動」するための基本であるととらえられる。

　このような3つのことを押さえて,人間としての自分らしい生き方についての考えを深めていくのが「特別の教科　道徳」である。

　そして,そのことを通して,道徳性の根幹にある道徳的判断力と道徳的心情と道徳的実践意欲と態度を養っていく。もちろんこれらは分けられるものではない。道徳的な心情をしっかり押さえた道徳的判断力が求められるのであり,その判断が実践へとつながっていくように道徳的実践意欲と態度を高めていくのである。このようにして育まれる道徳性は,日々の生活や学習活動と響き合って,さらに磨かれることになる。

　「特別の教科　道徳」のねらいを一言でいえば,自らの人生や生活に生きて働く道徳性の育成を図るということである。

3　「特別の教科　道徳」の内容はどうなっているのか

(1) かかわりを豊かにするための心構え(道徳的価値)

　「特別の教科　道徳」の指導内容は従来どおり,4つのかかわりごとに,

かつ学年段階ごとに重点的に示されている。この指導内容は，学校教育全体を通しての道徳教育の指導内容でもあることが明記されている。

このような内容の示し方は，同時に道徳教育のあり方をも示している。道徳性は，日常生活におけるさまざまなかかわりを通して身につくものである。その基本的なものが，主に，自分自身，人，集団や社会，生命・自然・崇高なものだということである。これらのかかわりを豊かにしていくために求められる価値意識，言い換えればこれらのかかわりを豊かにしていくことによって育まれる道徳的価値意識を，発達段階を考慮して示しているのが，内容項目である。

(2)「特別の教科　道徳」と全教育活動とを響き合わせる

各教科等における道徳教育とは，それぞれの授業において，これらの4つのかかわりを教材やさまざまな学習活動を通して豊かにしていくことととらえられる。そのことを踏まえて「特別の教科　道徳」の授業では，それぞれの道徳的価値を人間としてよりよく生きるという視点からとらえなおし，自分を見つめ，自己の成長を実感するとともに，これからの課題を確認し，追い求めようとする意欲，態度を育てるのである。

そして事後の学習や生活において，それらとのかかわりをより豊かにもてるようにしていくことが大切である。それが道徳的実践ということになる。つまり，道徳的実践とは，これら4つのかかわりを豊かにするための道徳的価値の自覚を深めることを通して，実際の生活の中でかかわりを豊かにしていくことなのである。

したがって，道徳的実践とは，人間関係や集団や社会とのかかわりにおける実践だけではなく，自分自身とのかかわりを深め豊かにする実践，生命や自然，崇高なものとのかかわりを豊かにする実践が含まれる。道徳の授業の後に，「さらに調べてみよう」とか，「みんなの意見を聞いてみよう」，「親の意見も聞こう」とか，「もう一度考えてみよう」とかの思いをもち，行動することも道徳的実践なのである。「特別の教科　道徳」は事前にさまざまな教育活動や日常生活ではぐくまれる道徳的価値意識を踏まえ指導を工夫することはもちろんであるが，授業後も日常生活やさまざまな学習活

動と道徳的価値意識の追究において，つなげていくことが大切なのである。
（3）崇高なものの最たるものは自分の良心

　なお，従来の3の視点と4の視点が入れ替わったのは，子どもたちの認識の発達に合わせて示したととらえられる。また生命尊重の道徳教育を強調したいという意図も読み取れる。また，内容項目をみると小学校の低学年や中学年に，新たな内容項目が加えられている。具体的には「個性の伸長」「相互理解，寛容」「公正，公平，社会正義」「国際理解，国際親善」である。また小学校の高学年には「よりよく生きる喜び」が加えられた。それらは子どもたちの発達や今日的課題（社会の変化や問題行動）を見据えての対応であるととらえられる。

　その中で特に注目されるのは，「よりよく生きる喜び」に関する内容項目である。中学校では「人間には自らの弱さや醜さを克服する強さや気高く生きようとする心があることを理解し，人間として生きることに喜びを見出すこと」とある。小学校の高学年では「よりよく生きようとする人間の強さや気高さを理解し，人間として生きる喜びを感じること」となっている。

　道徳教育の本質がここにあるといっても過言ではない。つまり，崇高なものの最も大切なものが自らの良心であることを自覚できる指導を求めているのである。

　人間はだれもがよりよく生きようとしている。求めているものは，一人ひとりにとっての理想であり夢であり，希望であるといえる。それを完全に手に入れることはできないが，常に追い求めることができる。その心が崇高なのである。よりよく生きようとする心に寄り添い，人間として生きる喜びを見出す生き方こそ，道徳教育が求める究極の姿であるといえる。

　しかし，それはなかなかむずかしい。くじけてしまう，みにくい心が前面に出てしまう。何と自分はだめなのだろうかと思うこともある。なぜそう思うのか。自分の中に気高く生きようとする心，より強く生きようとする心があるからである。

　これからの道徳教育は，どのような状況下におかれようとも，よりよく生きようとする気高い心を見失わず，さまざまな課題に正面から向き合い

乗り越えていくことに人間として生きる喜びを見出せるような道徳教育を求めているのである。「特別の教科 道徳」の授業では、特にこのことに留意する必要がある。

4 「特別の教科 道徳」の指導方法をどう工夫するか

「特別の教科 道徳」においては、教科書が使用される。したがって、どのような教科書が作成されるかで大きく左右されるが、特に大切なこととして次の3点をあげたい。

（1）児童生徒の発達段階を考慮した指導方法を工夫する

考えさせる授業は基本であるが、小学校の低学年から重視するのはむずかしい。まずは、道徳的な課題や道徳的事象に気づくようにすることを重視した指導から工夫する必要がある。特に相手の気持ちを推し量り、相手（人だけではなく動植物や自然、集団や社会も含めて）にとっても自分にとっても気持ちのよい行動をとろうとする気持ちを高めていく指導方法を重視したい。そして、日常生活でそのことのよさを実際に感じ取れるようにしていくのである。

中学年では、心身の発達や思考力、興味関心などの発達により関心が外へ外へと向いていく。その時期においてこそ、自分をしっかり見つめられるようにしていく必要がある。相手の立場に立って考える、さまざまな視点からの考えを出せるようにする。そこから自分を振り返らせるのである。特に相手の立場を気にしつつ、自分の立場を優先して考えたり行動したりしてしまう自分を見つめられるようにするのである。

高学年は、知的関心や想像力、創造力がいっそう伸びることから、知的な刺激や、考えることを中心とした授業を積極的に行う。考える学習を充実させるためには、理由を問う発問が重要である。「どうすればいいのか」だけではなく、「どうしてそうなるのか」「どうしてそう考えるのか」といった発問を工夫し、深く考えられるようにする。そして、人間としての生き方についての自覚を深め、自分の生き方において道徳的な課題に主

体的にかかわる姿勢や心構えを身につけられるようにしていくのである。
　中学校では，さらに考えさせる授業を工夫する。そして，思春期の意味（大人になっていくこと）と道徳教育の大切さ，社会の一員としての自覚ある生き方について，積極的，主体的に考えられるように教材の工夫や指導方法の工夫をする必要がある。それらの中で自分自身との対話を深められるようにするのである。
　なお，道徳の授業における言語活動としては，資料を媒介にして児童生徒が深く考えられるようにすることととらえられがちであるが，そのことを踏まえて自分自身とのコミュニケーションを活性化させることが重要である。道徳の授業においては，自己内コミュニケーションの大切さと内省を深める方法について，しっかり学べるようにしたい。

（2）問題解決的な学習を工夫する

　道徳的な行動や実践につながる指導の充実はきわめて重要な課題である。「特別の教科　道徳」が道徳教育の要として機能するためには，特に求められることである。そのためにどのような指導方法が考えられるのか。性急に行為の指導や具体的な問題をどう解決すべきかに焦点を当てた指導をしてしまうと，「なぜこのような行為が必要なのか」「どうしてこのような問題が起こるのか」といった本質追究の機会がなくなる。その追究こそが，結局は人間としてどう生きるかを深く考えるもとになるのである。
　「特別の教科　道徳」は，日常生活においてさまざまな場面でどのように行動すればよいのか，どのように対応すればよいのかに関心を向けつつ，どうしてそのことが必要なのか，どうしてそのようなことが起こるのかについて深く考え，その視点から自らを見つめ，課題を見出し追究していこうとする心を育てることを中心とすべきである。
　より深く相手の立場に立って考えられるように，自分とのかかわりで主体的に考えられるように，またその問題状況に主体的にかかわりながら考えられるように，役割演技などの体験的な活動や，実際に観察したり体験したりすることを，5分から10分程度取り入れる工夫もする必要がある。
　しかし，さらに重視すべきは，道徳的価値の自覚をより深める学習を行

おうとすれば，事前に自分たちで観察したり聞いたりして調べてみることや，事後に価値の実現にかかわってどうすればいいかを学級活動でじっくり話し合ったり，あるいは「総合的な学習の時間」にじっくりと体験活動を行ったりすることとつなげていくことが大切である。

（3）総合道徳的指導を工夫する

　総合道徳的指導とは，道徳の授業を要として，関連する教育活動や日常生活，家庭や地域での道徳学習などと関連をもたせて，子どもたちと一緒に道徳学習を発展させるものであり，保護者や地域の人々にも参加いただいて進める道徳教育を指す。そのなかで，さまざまな課題（いじめや環境教育，国際理解教育，福祉教育など）に対して道徳授業での道徳的価値の自覚を深める学習を要として，他の学習活動等における課題解決力の育成や実践の高まりなどを意図した学習を計画して，相互に響かせ合う指導を行うこともできる。

　各学校では道徳教育の重点目標が決められるはずである。それをどのように指導するのかについて，総合道徳的指導として計画し，取り組めるようにする。また，「行動の記録」にあげられる項目に対して取り組むこともできる。総合道徳的指導においては，認知的側面，情意的側面，行動的側面について評価することも考えられる。

　それらを，「特別の教科　道徳」の年間指導計画に位置づけるのである。「特別の教科　道徳」の特質は，全教育活動とかかわりをもたせて要としての役割が果たせるようにすることである。そのためには「特別の教科　道徳」の年間指導計画の中に総合道徳的指導を位置づけ，連続的な指導として取り組まれるようにしていくことが求められる。

　そのような方法を開発すれば，さまざまな教育課題にも柔軟に対応できる。また，その学習においてはさまざまな価値について複合的に学ぶことにもなる。例えば，生命倫理に関する学習であれば，主価値である生命尊重にかかわらせて，さまざまな価値を副価値として押さえることによって，より深く生命倫理をとらえることができるし，日常生活における実践化へと結びつけやすくなる。

第1章 理論編2　道徳科授業はこうすれば面白い

諸富祥彦

1　道徳が「面白くてためになる」12のポイント

　いま，現場では，これで道徳の時間がよくなるのか，悪くなってしまうのか，さまざまな議論がなされている。
　心配の声があがるのは，特に，これまで道徳教育に熱心に取り組んできた先生方からだ。懸念の声は，例えば，次のようなものだ。
・道徳で「教科書」を使うようになると，それが面白くなくても，ただ淡々と，教科書の前から順に，1時間に「1資料」を取り上げるだけの形式的な授業が多くなるのではないか？　自作資料などを使う先生は，ほとんどいなくなるのではないか？
・道徳が「教科」になる以上，1時間に1内容項目を確実に教える必要がある。これにより，これまで以上にワンパターン化された「価値の教え込み」の授業になってしまうのではないか？
・総合単元的な道徳がやりにくくなるのではないか？
　つまり，道徳授業を熱心にやってきた先生方から，「教科化」されることで，これまでのような質の高い授業ができにくくなるのではないか，という不安の声があがっているのだ。
　こうした懸念は十分に理解できるものだ。
　しかし，私は，こうした懸念はむしろ，可能性を意味していると理解したい。道徳授業を子どもにとって「面白くて，ためになるもの」にするには，そして「教師自身もワクワクして楽しめるもの」にするには，先に示

した懸念をすべて，逆手にとればいいのだ。
　そのためのポイントは，以下のようなものである。
① 　教師自身が本気でのめりこみ，「これは面白くて，ためになる！」と思える「資料」を使おう（厳選された，そうした資料のみを使おう！）
② 　1時間に1内容項目などという固い発想にとらわれずにいこう！
③ 　パターン化された「価値の教え込み」から脱皮して，多様な方法を行おう！
④ 　創意工夫した授業をいまこそ，するのだ。
⑤ 　エンカウンターなど心理学的手法を使った「体験」的な学習をやっていこう！
⑥ 　道徳の時間と，ほかの教科や特別活動などをつなげた，総合単元的な道徳をやっていこう！
⑦ 　「内面」にとどまらない道徳の「行為」の学習もしていこう！
⑧ 　総合学習のように，大人でも「うーん」とうなるような，道徳的な困難な問題について，子どもたちと「本気で」教師も探求していくような真剣勝負の授業をしていこう！「道徳的な問題解決」に本気で取り組むような授業をしていこう！
⑨ 　人間の「いのち」の問題をとことん掘り下げていく「生命尊重」の授業をしていこう！
⑩ 　「畏敬の念」など，人間を超えたスピリチュアルな次元にまでふれる，魂が揺さぶられる授業をしていこう！
⑪ 　「自己肯定感」を高める授業をしていこう！
⑫ 　「心に響く」にとどまらない，「魂がうち震える授業」をしていこう！
　すべてをやらなくてもいい。できることから，やっていこう。

2　教師自身が本気で「面白い」と思える資料を用意すること

　道徳の授業の勝負は，「資料」で決まる。
　これは，教科になろうとなるまいと，変わらない真実である。

教師自身が「本気で，これは，面白い！」と思うことができる資料，熱中し，「これは面白いし，ためになる！」と思える資料を用意すること。
　これが，「面白い道徳授業」をつくるための最大の要件である。日々の生活のすべての時間に「資料探しのアンテナ」を張っておこう。
　発想のユニークな授業ができるA先生は，例えば100均ショップに入ったら，そこで売っているものすべてを「教材」として見る。「これは，今度道徳の授業でどう使おう」「学級会でどう使おう」という点ですべてのものを見る。新聞を読むときにも，「もしかしたら，これは教材に使えるのではないか」という目で読んでいるし，テレビ番組・ドラマ・ニュースなども「これは教材に使えるのではないか」という視点で見ている。
　一言で言えば，「日々の生活，丸ごと教師」になること。資料探しの時間は「365日，24時間」である。

3　「授業のねらい」を明確にする

　残念ながら道徳授業の少なからずが，「何をねらっているかがよくわからないピンぼけの授業」「資料とねらいがずれた授業」になってしまっている。「ねらい」とは，何のためにこの授業をやるのか，どうやったらこの授業の目的が達成できたと言えるのか，その目安を示すものであるが，「自分で何をねらっているかわかっていないのでは」と思われる曖昧な指導案が少なくない。「授業のねらい」は「価値」とは異なる。「この1時間の授業で何を達成することをねらっているのか」を示すべきである。
　「ねらい」が不明瞭なまま授業をすると，当然のことながら，授業後に「ねらい」を達成できたかどうか，判断することもむずかしくなる。授業の成功とは「ねらいを達成できた」ということだ。したがって，ねらいが曖昧なままだと，授業の成功・不成功を論じることもできなくなる。
　「子どもたちがこの授業で○○を感じたら，この授業は成功と言える」「○○のようなことを考えたら，ねらいを達成したと言える」——こうした授業の「ねらい」を具体的に設定できること。これは成功する授業の必

須条件である。

4 導入で子どもの心をわしづかみにせよ

　授業の上手な先生は，導入が非常にうまい。
　ある先生は，授業の最初の場面で，子どもの姿が写った１枚の写真を見せて「これは何の写真でしょうか」と問いかける。
　子どもたちから，「迷子になっているから泣いている」「友達とトラブルを起こして困っている」「お母さんとどこかで離ればなれになってしまったから泣いている」など，じつにいろいろな意見が出る。
　パッと１枚の写真を見せるだけで，子どもの空想はさまざまにかき立てられる。――まずはこれで「つかみはOK」である。
　そしてその後で，「実はこの写真の子どもは，戦争中の国の子どもなんだ」「その国では毎日○○人の子どもが死んでいる」「いまも餓死している子どもが，世界で○○人いる」といった具体的な数字を見せていく。
　このように，１枚の写真，それに関連する数字，あるいは，映像や音楽などを使って，授業の導入の場面でパッと子どもたちの問題意識をわしづかみにする。「いったい，これはなんなんだろう」と考えさせ，一人一人の子どもの中に「問い」を育てていく。
　授業の導入場面での「つかみの力」が強いこと――これが，よい授業のポイントの一つである。

5 教師も「本気」で熱くなれる「問題解決型」の授業をしよう ―― ３種類の「道徳的問題」と「問題解決的な道徳学習の基本型」

　新しい道徳授業の一つは，「問題解決的な道徳学習」である。大人でも解決するのがむずかしい「本気の道徳的問題」を提示して，その解決に向けて，次の４つのステップで進めていく。これが「問題解決的な道徳授業の基本型」である。

> ① 教師が提示したいくつかの問題解決の選択肢の中から,「どの選択肢による解決がよいか」「その理由は何か」をワークシートに書かせ,一人でじっくり考えさせる。
> ② 小グループで話し合いを行う。
> ③ クラス全体で話し合いを行う。
> ④ 再度,自分一人でじっくり考え,ワークシートに書く。

ところで,「道徳的問題」には,次の3つの種類がある。

> ○国際,情報,環境,福祉健康などの課題。グローバルな問題,世界規模の問題。人類はどうやって生き残っていくのか,持続可能な社会はどうやってつくられていくのか,という大きな問題
> ○地域の伝統文化,行事,生活習慣,経済産業など,地域や学校の特色に応じた課題。ローカルな問題
> ○自分の生き方や,友人との関係をどうするか,といった個人的な問題。individualな問題

これら3つの問題に共通するのは,大人も含め誰も答えを見出していない問題であるということである。しかも,だからと言って,無視も先送りも許されない問題,現代社会に生きるすべての人が自分のこととして受け止め,自分のこととして考え抜いていかなくてはならない問題である。

私たちは,日々道徳的な問題に直面している。原発の問題がある。環境問題もある。人口問題もある。これらのすべてが簡単には答えが出ない問題。「答えなき問題」が,この世界には山積みである。

そういう「答えなき問い」が山積みのこの世界にあって,それぞれの問いに直面し,それをどう引き受け,どう応えていくか。そのことを私たちは日々問われている。こうした「答えなき道徳的な問い」に応えていく力を育てること。一言で言うならば,「状況からの問いに対してresponsibleな人間」を育てる必要がある。

Responsibleという言葉には,応答可能という意味と,同時に責任を負

う，引き受ける，という意味がある。

　原発の問題，人口減の問題，環境問題……いずれの問題にも複雑な状況がかかわっている。そうした状況の要請に応えるために，自分のもっている力をすべて結集して応えていく。自分のもっている諸力を結集したり，総動員する，というのは，DeSeCoによるキーコンピテンシーの定義で使われているorchestrateという言葉である。つまり，オーケストラの指揮者のようにすべてを動かしていく。しかも統制して秩序をもって，オーケストラの指揮者のように自分のもっている「○○力」をすべて使っていくのである。自分が直面している困難な道徳的問題に対して諸力を総動員し発揮していく力。こうした力を育てていく道徳授業が求められている。私たちが日々直面するさまざまな道徳的問題状況からの要請（問い）への「応答力」。これが，道徳授業で育てるべき「道徳力」「道徳的資質・能力（コンピテンシー）」の柱である。

6　「問題解決的な道徳学習」の3タイプ――「するか，しないか（二者択一）型」「選択肢提示型」「無選択肢型」

　問題解決的な道徳学習には，3つのタイプがある。
① 　例えば，「○○さんは，このことを打ち明けるべきか，どうか」という「するか，しないか（二者択一）型」。
　これは，いわゆる「葛藤解決型の道徳授業」に近くなる。
② 　無選択肢型。資料で提示した問題，例えば，「ゴミのぽい捨てがこの地域からなくなるには，どうすればいいのでしょうか」と問いを提示し，子どもたちに考えさせる。教師からは何の選択肢も提示しない。どのような選択肢があるのかを，初めから子どもたちに考えさせる。子どもたちは，さまざまなリサーチや，聴き取り調査をすることが求められる。
③ 　選択肢提示型。教師のほうから，例えば，「この町でゴミのぽい捨てがこの地域からなくなるには，どうすればいいのでしょうか。次の4つの中から選んで，自分なりにランキングしてワークシートに書こう。その理由も書こう。それ以外の方法を考えついた人は，『その他』に書こ

う」と投げかける。

　道徳授業で行うには，③の「選択肢提示型」がもっとも現実的な方法であろう。その場合，

> ①　子どもが1人で，「どの問題解決の選択肢がよいか」「その理由は何か」をワークシートに書く。
> ②　小グループで話し合う。
> ③　クラス会議で話し合う。
> ④　もう一度，自分1人で考えて，ワークシートに自分の選んだ解決策とその理由を書く。

という4つの手順で進めていく。「問題解決的な道徳学習の基本型」である。

　このとき，「その他」という選択肢をワークシートに設けておくことがきわめて重要である。「道徳的問題」は，大人でも簡単に合意を得ることが困難な問題状況を含んでいることが多い。すぐには思いつかない解決策を新たに創造的に見出していく力の育成が重要になる。そのためには「その他」という選択肢をワークシートに設けておいて，子ども自身に教師が提示した選択肢にはない新たな解決策を自分で考えさせ，書かせることが大きな意味をもつのである。

7　子どもに「人生をかけて取り組むに値する道徳的問題」に直面させ，「使命感（人生のミッション）」形成の機会をつくる

　例えば，「持続可能な社会をどうつくるか」といった「道徳的問題」について真剣に考え抜く機会を与えることは，子どもにとって，自分が生涯かけて取り組むに値する「問い」を見出していく機会につながる。そして，自分が一生かけて取り組んでいくに値する課題・使命（人生のミッション）を見出すことほど，子どもの人格形成にとって大きな意味をもつことはない。

　A・H・マズローやV・E・フランクルも言うように，「最高の人格」

のもち主に共通するのは、①我を忘れて、いのちがけで何かの課題に取り組み続けていること、②そのことに必然的にともなう「孤独」を受け入れていることだからである。

子どもがその生涯を通して問いぬくに値する「問い」の形成、「ミッション（使命）」の形成につながるような道徳授業をしたいものである。

8　エンカウンターなどによる心理学的な「体験学習」を行って、価値を「実感をもって」学習させよ

エンカウンターやロールプレイング、モラルスキルトレーニングといった心理学的な「体験学習」を道徳の授業に導入することの利点は、なんといっても「言葉による観念的思考」に終始することなく、「価値を実感（体感）的に学ぶ」ことができる点である。

例えば「いのちの大切さ」、あるいは「他者の立場に立つことの大切さ」などについて、エクササイズによる体験を通して、実感的に価値を学習させることができるのが、エンカウンターなどを使った心理学的な体験学習による授業の良い点である。

その場合、

A　エクササイズ→読み物資料による価値の学習
B　読み物資料による価値の学習→エクササイズ

の2パターンがあるが、Bのほうが成功しやすい。まず、読み物資料で「価値」を押さえておいて、次にエクササイズでその価値を実感的に（体感して）学ぶのである。

ほかにもいのちの授業であれば、ゲストティーチャーとして来てもらった妊婦さんのお腹に聴診器をあてて赤ちゃんの心音を聞かせる、とか、赤ちゃんの心音を録音しておいて聞かせる、といった方法もある。

体を動かす、聞く、見る、語り合う、といった活動をとおして、五感をフルにいかして実感的に価値を学習させることがきわめて重要である。

9　年に一度でもいい，魂を震わせる授業を

　道徳の授業をしたがらない先生の言い分の一つに「私は道徳の授業ができるほど立派な人間ではありません，だから道徳の授業はしません」というものがある。教師はそうであってはならない，と私は思う。
　子どもたちの前に本気で立ちはだかって人生に影響を与える覚悟ができていない人は，教師になるべきではない。せっかく道徳の時間という，人生を本気で考えさせる時間が与えられているのだ。その時間をフルに使って，自分が人生で一番大切にしていることを魂を込めて伝えてほしい。
　自分の話したことが，子どもたちの人生に影響を与える，というのは，もちろん，怖いことだ。しかし，それは同時にこのうえない喜びでもあるはずだ。大きな喜びと怖さを共に感じながら，自分が人生で一番大切にしていることをストレートにぶつけて，本気で子どもたちの人生に影響を与える授業，魂が震える授業を年に一度でいいから，やってほしい。そうしないと，せっかく教師になった甲斐がないではないか。

10　道徳の評価は，子ども自身による「振り返り」への肯定的フィードバックを中心に

　道徳の評価は，観察された子どもの「行動」にまで及ぶべきではない。子どもが常に教師の評価を気にして行動するようになり，萎縮してしまう。
　エンカウンターなどの「振り返り」の要領で，子ども自身に，例えば「この学期の道徳の学習で，あなたが最も学んだこと，気づいたこと」「道徳で，自分で頑張ったと思うこと」をワークシートに記入させるのである。この子ども自身の自己評価について，教師が肯定的なコメントを書く。これが「子どもの意欲を引き出す道徳の評価」になるであろう。

第1章 理論編 3 「新教科　道徳」はこうしたら面白い

柳沼良太

はじめに

　道徳が教科化される際には、さまざまな賛否両論が渦巻いた。学校現場では、道徳授業の大切さを自覚するものの、道徳授業は「面白くない」「役に立たない」ため教科にする必要はないという意見もあった。このまま道徳科が形式的に始まったとしても、子どもにとって興味深く有意義な授業にならなければ、教科化した意味がないだろう。

　そこで本章では、まず「道徳授業はなぜ面白くないと言われるのか」について考え、そこから「どうすれば面白くなるのか」を具体的に考えてみたい。次に、道徳授業を改善するために、道徳性の認知的・情緒的・行動的側面に働きかける多様で効果的な指導のあり方を検討する。第三に、道徳授業を有意義にする手立てとして、カウンセリングの原理やスキル学習の活用を提案してみたい。最後に、道徳科を面白くする多様で効果的な指導方法として問題解決的な学習と体験的な学習の導入について論じたい。

1　どうすれば道徳授業は面白くなるのか

　自分の子ども時代を振り返って、「道徳授業が面白かった」という印象はあるだろうか。筆者が大学の講義や教員研修でこうした質問をすると、たいてい7割くらいが「面白くなかった」と否定的に答える。その理由としては、①「ワンパターンだから」、②「役に立たないから」、③「話がつまらないから」、④「道徳を押しつけるから」などがあげられる。こうした課題を一つずつ克服することで、逆に道徳授業を面白くすることもでき

るだろう。

（1）ワンパターンから多様な指導法へ

①「道徳はワンパターンだから」という理由は，我が国の道徳授業を知る者なら誰もが頷くことだろう。従来の道徳授業は，国語科で物語文を読む指導方法に倣って，場面ごとに登場人物の気持ちを三つくらい尋ねていくやり方が一般的であった。こうした平坦な展開を深める発問としては，「どうしてそうしたか」と行動の理由を尋ねる程度である。こうしたワンパターンのやり方で毎回のように授業をされると，子どもの方でも展開が読めてしまい，学年が上がるにつれて受け止めが悪くなるのは当然である。

そうであれば，道徳授業はこうしたワンパターンにはまらず，多様な指導方法を取り入れるべきである。新しい道徳科の授業では，子どもたちが多角的・多面的に道徳的問題を考え，それぞれの意見を自由に出し合って考えを深め，主体的に判断する力を身につけ，実践する意欲を高められるようにすべきである。

（2）役に立つ道徳授業へ

②「道徳授業は役に立たない」と言われるのは，たとえ授業中に「道徳的価値」を学び，子どもが「立派なこと」や「模範的なこと」を発言しても，それを実際の日常生活で活用・応用しないからである。言い換えると，道徳授業では建前を語るが，日常生活では本音で行動をするため，授業で学んだことは日常で「使えない」ことになる。

例えば，道徳授業で「節度・節制」について深く理解したはずの子どもが，自分の日常生活の乱れを改めようとしないことがある。「いじめをなくすべきだ」と発表していた子どもが，日常生活ではいじめをただ傍観していることもある。このように道徳授業の中でしか通用しない考えでは，子どもたちにとっても「絵に描いた餅」であり，生きて働く道徳性にはならないのである。

そうであれば，道徳授業を面白くするためには，実際に道徳的な問題を取り上げ，因果関係をふまえて実践可能な解決策をいろいろ考えてみることが有効である。そうした学習であれば，子どもたちも現実生活をよりよ

く改善できるし，自らの道徳的な成長を実感することもできるだろう。

（3）面白い教材の開発

③「道徳の話がつまらない」と言われるのは，副読本などで使われる物語の展開が単純すぎて現実味がなかったり，途中で結論（オチ）までわかったりするためである。もともと道徳の資料は，ねらいとする道徳的価値を理解させるために作られているため，その展開がいかにも訓話的で退屈なものになりがちである。子どもたちは日常生活で切実な問題をかかえ苦悩しており，一方でテレビや漫画やインターネット等を通して面白い物語を多分に知っているため，道徳用の作り話は敬遠されがちである。

そこで，道徳授業を面白くするためには，まず子どもが興味や関心をもち，切実に感じるような問題状況を資料で取り上げ，主体的に考えるとともに，協働的な話し合いができる内容にすることが望ましい。教師が教えやすい内容よりも，子どもが啓発され自ら考え判断し，話し合いたくなるような内容にしたい。そのためには，子どもが主体的に考えるヒントを与えたり，新しい情報や知識（名言，格言，エッセー，統計データなど）を示したり，発展的に探究したりできる内容が適している。

（4）複数の道徳的価値を追求

④「道徳を押しつける」というのも，道徳授業に独特の傾向である。道徳授業では子どもの自由で創造的な考えを尊重すると言いながらも，最後には教師のねらいとする道徳的価値に（やや強引にでも）結びつける場合が少なくない。

先人や偉人の生涯を扱った道徳授業でも，終末では「誠実」や「正義」など一つの道徳的価値に結びつけて結論づけることが多い。例えば，野口英世や田中正造のような偉人の物語を取り上げる際も，「不撓不屈」や「人類愛」という一般的な道徳的価値に限定してしまい，その人物の魅力や偉大さをとらえそこなうことがある。

また，「思いやり」と「正義」で迷うようなモラルジレンマのような葛藤資料を扱う場合でも，強引にどちらか一方の道徳的価値に結びつけて結論づけようとすることがある。これでは子どもがいくら自由に多様な価値

観を交流しても，一つの道徳的価値を教師から押しつけられたと感じてしまうのは仕方ない。

そうした道徳授業を面白くするためには，我が国の道徳授業に特有の徳目主義に拘束されるだけでなく，子どもの自由で創造的な判断力や問題解決力を育成することも重視すべきである。多様な価値観が渦巻くダイナミックな意見を交流させ，複数の内容項目を関連づけた指導を推奨すべきである。

2 道徳性の認知的・情緒的・行動的側面の育成

道徳授業を面白くするためには，多様なアプローチで道徳性を多面的に指導することが求められる。

従来の道徳授業は，「どんな気持ちだったか」「どうしてそうしたか」と主人公の内面を詮索することが多く，「何をどうすればよいか」はあまり問われなかった。つまり，従来の道徳授業では，道徳性の情緒的側面（道徳的心情，道徳的実践意欲，道徳的態度）を育成することに偏り，認知的側面（道徳的思考力や判断力）や行動的側面（道徳的行動力，習慣）を育成することが疎かになってきた。それゆえ，道徳授業では模範的な心情を語れるが，行為や習慣が伴わないということになる。こうした「言行不一致」の状態では，道徳性の育成に成功しているとは言えない。

道徳性の発達にはいくつかのプロセスがある。まず，道徳的価値や人間としての生き方について理解する思考力や判断力（認知的側面）が発達する必要がある。具体的には，「何をするか」「なぜそれをするべきか」を考え判断する力を育成するのである。次に，言動の方法について思考し判断する行動力や習慣（行動的側面）の発達が必要になる。具体的には，「どうやってするのか」という技能面の行動力を育成する。第3に，道徳的行為をしようとする意欲や態度（情緒的側面）の発達が必要になる。具体的には，「それを実行したい」という意欲を育成するのである。

このように子どもの道徳性の認知的，情緒的，行動的側面をバランスよ

く育成し,「何をするか」「なぜするか」「どうするか」を考え,「実行したい」と内発的に動機づけることが重要になる。そして,授業後に実際に道徳的行為を行い,その結果を振り返って修正したり,繰り返し行為して習慣化したりすることで,人格が少しずつ形成されるのである。

こうして養われた道徳性は,当然ながら日常生活でも生きて働くため,よりよく生きる力の礎ともなるのである。

3 カウンセリングを活用した道徳授業

道徳授業を面白くするためには,現実生活で役に立つような道徳性を養う必要がある。我が国では子どもの自己肯定感や自尊感情が低く,自信を失っているという指摘が多い。その一方で,自己中心的で傍若無人に振る舞い,規範意識が低いという指摘もある。さらに,いじめ,ネット・トラブル,不登校,校内暴力,学級崩壊,万引き,カンニングなど生徒指導上の問題も山積している。

こうした問題行動に対応した道徳授業を作るためには,カウンセリングの手法が役立つ。実際,欧米では,カウンセラーが道徳授業(人格教育,価値教育)を担当していることがある。我が国でも,文部科学省が作成した『心のノート』やそれを改訂した『私たちの道徳』では,カウンセリングの手法が大いに活用されている。

(1) 来談者中心療法の活用

従来の道徳授業は,読み物資料に登場する人物の心情を共感的に理解して,その道徳的価値を習得するパターンが多い。こうした道徳性の情緒的側面に重点をおいた指導は,カウンセリングで言えば,来談者中心療法と類似している。この指導方法では,他者の心情をあるがままに受容して共感的に理解する中で,これまでの自分の生き方を内省することができる。

ただし,どれほど他者の心情を共感的に理解できても,それは自分の心情や思考パターンとは異なるため,自己概念の変容に繋がらず,行動や習慣の変容にも繋がらないこともある。

（2）論理療法や認知療法の活用

　そこで，道徳的な問題をいかに解決するかに焦点を当てることもできる。これはカウンセリングでいえば，論理療法や認知療法の考え方である。自分の見方や考え方を見つめ直すことで，非合理的な見方や考え方を修正し，マイナスな感情や行動を改めることができる。ここで大事なのは，ある考え方とその結果として生じた感情や行動の因果関係を明確にし，その歪みやねじれを修正し，悪化した感情や行動の改善に繋げることである。

　ここでは道徳に関する問題の原因を追究するとともに，さまざまな解決策を考え，どのような結果になるかも考察することができる。これは後述するように，道徳科に問題解決的な学習を取り入れることで応用することもできる。

（3）行動療法やスキル学習の活用

　正しい見方や考え方をするだけでは，行動や習慣に繋がらないことがある。そこで役立つのが，行為や習慣の改善に直接的に働きかける行動療法やスキル・トレーニング，アサーション・トレーニング等である。例えば，いじめられている友達を助けたいと思っているとき，具体的にどのように助けるべきかを考え，役割演技でそれを実演してみる。

　こうした直接的な学習やトレーニングを通して，子どもは自分の道徳的な考え方や生き方について考えを深めることができる。こうした指導方法は，後述する体験的な学習として応用できる。

　このように道徳授業は，カウンセリングの原理やスキルを取り入れることで，子どもが自らの考え方や生き方を深く見つめ直す機会となり，行動を変容することに役立てることもできる。

4　多様で効果的な指導方法

　従来の道徳授業に代わる指導方法としてはどのようなものが考えられるか。その代表的な指導方法が，新しい学習指導要領から明記された問題解決的な学習や体験的な学習を取り入れた道徳授業であろう。

(1) 問題解決的な学習の活用

これまでの道徳授業を面白くするためには，問題解決的な学習を取り入れることが有効である。問題解決的な学習を活用した道徳授業とは，子どもが興味や関心のある道徳的問題に取り組み，多面的・多角的に考え，主体的に判断し，さまざまな解決策を比較検討し合う学習である。

実際の授業では，道徳的問題を具体的に示した後で，「登場人物はどのようにしたらよいか」，「自分ならどのようにするか」について考え，自己の生き方や人間としての生き方について理解を深めていく。こうした授業では，「問題の原因は何か」，「それを解決するために何をなすべきか」，「なぜそうすべきか」，「どのようにすべきか」などをいろいろ考えることで，実践的な道徳性を高めていくことができる。こうした学習は，子ども一人一人が生きるうえで出会うさまざまな問題を主体的に解決し，よりよく生きるための資質・能力を養い，道徳的行動や習慣形成に繋がり，ひいては生きる力の育成や人格の完成にも繋がるのである。

(2) 体験的な学習の活用

道徳授業を面白くするためには，従来のような座学の授業だけでなく，体験的な学習を取り入れることも大事になる。

体験的な学習にもいろいろあるが，推奨したいのは，前述した問題解決的な学習と関連づけた指導展開である。つまり，道徳的な問題場面を提示して，具体的な言動のあり方について話し合い，役割演技する学習である。例えば，人間関係のトラブルを話し合い，どのように行動したらよいかについて考え，その解決策を役割演技で行って検討するのである。単に解決策を提案するだけでなく，複数の解決策をそれぞれ役割演技する中でそのメリットやデメリットを確認することができる。

また，授業で実物を用いたり実体験をしたりすることで実感を深めることもできる。例えば，身体の不自由さを体験的に理解するために，アイマスクをして歩いたり，重りをつけて動いたりすることもできる。生命を尊重するために聴診器で自他の心臓音を聞くこともできる。こうした道徳授業を特別活動等で行われる「体験活動」と関連づけて，道徳的実践の場に

繋げることも有効だろう。

　さらに，礼儀作法やエチケット，マナーに関する学習では，動作や所作を具体的に理解したうえで，それを体験的に学習することも有意義である。挨拶や食事のマナーなどを心得やスキルとして理解した後に，実際に行動して体得するのである。

　ただし，こうした体験的な学習を道徳授業に取り入れる際には，単に活動を行って終わるのではなく，子どもが体験を通じて学んだことを振り返り，その意義について十分考えられるようにしたい。体験的な学習それ自体が目的ではなく，そうした学習を通して道徳的緒価値の理解を深め，さまざまな課題や問題を主体的に解決するための資質・能力を育成することが目的であることを十分に留意する必要がある。

おわりに

　以上のように，道徳授業を面白くするためには，多様な効果的な指導方法を取り入れ，日常生活にも活用できる有意義な知識や技能を学び，自主的に考え判断し行動できるようにすることが大事になる。そのためには，道徳科でもカウンセリングの理論や技法を学んで，子どもが現実的な因果関係や普遍的な道徳的原則を踏まえて物事を深く省察できるよう指導することが望まれる。この意味で新しく取り入れられた問題解決的な学習や体験的な学習こそ道徳科を大いに活性化してくれることだろう。

[参考図書]

・柳沼良太『「生きる力」を育む道徳教育——デューイ教育思想の継承と発展』慶應義塾大学出版会，2012年
・柳沼良太『問題解決型の道徳授業——プラグマティック・アプローチ』明治図書，2006年
・押谷由夫・柳沼良太（編）『道徳の時代をつくる！——道徳教科化への始動』教育出版，2014年

第1章 理論編 4

新教科「道徳」は こんな工夫ができる！

七條正典

1 新教科「道徳」をどう受け止めるか

(1) 道徳授業の実質化を図るチャンス

　平成27年3月に学習指導要領の一部が改正され，これまでの道徳の時間が，教育課程上新たな枠組みによる「特別の教科　道徳」として位置づけられた。そして，「読む」だけの道徳から，「考え，議論する」道徳への転換が唱えられ，道徳授業の実施に関していっそうの意識改革が求められている。そのことから，ある枠組みに縛られるような窮屈なイメージや，これまでと大きく異なるような授業イメージをもつ者もいるかもしれない。

　しかし，枠組み（フレーム）が新しくなったからといって，その中核であるこれまでの「道徳の時間」の本質部分までもが変わったわけではない。例えば，めがねのフレームが変われば，それをかけている人の印象も変わるだろうが，フレームの中の機能までが変わるわけではない。

　新たな枠組み（フレーム）で位置づけられることによって，見え方や受け止め方が変わることで，その対象とするものがより良い方向に変化することが何よりも大切なのではなかろうか。

　今回の改訂の本旨は，これまでの道徳の時間を，教育課程上「特別の教科　道徳」として新たな枠組みで位置づけ，その目標や内容の示し方，教材や評価，指導のあり方等を見直すことにより，道徳科を要として道徳教育の趣旨を踏まえた効果的な指導がこれまでよりもいっそう確実に展開できるようにすることである。つまり，新しい枠組みに入れて見直すことに

よって，そのものの本質は変わることなく，その指導がよりいっそう効果的に機能することができるよう，改善充実を図ることが求められているのである。その意味で，今回の教科化は「縛り」としての枠組みではなく，「柔軟性」のある新たな枠組みの中に入れることにより，これまで以上に創意工夫ある道徳授業の可能性を広げるものとしてとらえることができよう。

　目標や内容をわかりやすく示すことや，多様な指導の方法を提示することにより，教師にとって，道徳の授業イメージがわかりやすいものとなり，道徳の指導が不十分であったこれまでのさまざまな課題を解消し，道徳授業の実質化（量的・質的）を図るチャンスとしてとらえることができる。それは，教師にとって「教えがい」のある道徳授業の具体化を図ることにつながる。

（2）子どもの心のニーズに応える道徳授業の具現化

　いじめ問題や少年による凶悪事件が報道されるたびに，道徳教育の必要性とともに，その指導の不十分さが指摘される。果たして，これまでの道徳授業は，子どもの心のニーズに応えるものとなっていただろうか。

　道徳教育は，目の前にいる子どものいまを「支える」だけでなく，「備えの教育」として，将来において子どもが自らの人生を切り拓いていくための力を「育てる」ことも視野に入れて実施される必要がある。また，道徳教育について，「道徳教育の充実に関する懇談会」（平成25年12月）報告では「自立した一人の人間として人生を他者とともによりよく生きる人格を形成することを目指すもの」と述べられており，一人一人の子どもを自立的に育てるだけでなく，他者と共に生きる（「つなげる」）視点を含めて育てることの必要性が示唆されている。

　さまざまな課題を抱え，悩み苦しんでいる子どもの「いま」と，「将来」を見据え，その心のニーズに応える道徳授業の実質化を図る（子どもの心を支え，育て，つなげる）という視点からこれまでの取り組みを振り返り，あらためて指導の改善充実を図ることが求められている。それは，子どもにとって「学びがい」のある道徳授業の具体化を図ることにつながる。

2 新教科「道徳」の実施上の工夫

(1) 心に響く魅力ある道徳授業の工夫

　教師にとって「教えがい」があり，子どもにとって「学びがい」のある，子どもの心のニーズに応える道徳授業の実質化を図るためには，何よりも，その指導が子どもの心に響く魅力あるものでなければならない。そこで，そのための工夫に関して，以下，教材，指導方法，評価の3つの視点から述べたい。

① 主体的・意欲的な学習──魅力ある教材の開発や活用の工夫

　まず，心に響く魅力ある道徳授業の要件の第一は，一人一人の子どもが，学ぶ道徳的価値について興味関心をもち，主体的・意欲的に学習に取り組めることである。自らの生き方を考えるうえで，主体的・意欲的な学びは不可欠である。そのためには，学ぶ道徳的価値を含む教材に対して，他人事としてではなく，我が事として向き合い学ぶことができるよう，以下のような点に留意した魅力ある教材の開発や活用の工夫が求められる。

1　興味・関心や学ぶ意欲を引き出す魅力ある教材の開発としては，特に生き方モデルとなる身近なふるさと教材や，悩みや心の揺れ・葛藤を取り上げた教材，今日的課題を取り上げた教材などが考えられる。
2　課題意識をもって教材と向き合える教材提示の工夫としては，教材と関連づけた導入の工夫や，学ぶ内容に関する体験の想起を促すことなどが考えられる。
3　検定教科書・地域教材など多様な教材の活用としては，これまでの読み物資料に加えて，新聞や絵本など多様な教材の活用が考えられる。

　これらの魅力的な教材の開発や活用に際しては，何よりも子どもが学ぼうとする価値的な内容を含んだ教材としっかりと向き合い，その教材を通して，自己（人間として）の生き方についての考えを深められるよう留意することが大切である。

　「1」について具体例を1つあげてみよう。石川県教育委員会が開発し

たふるさと教材で「栄冠は君に輝く」(中学校)という読み物資料がある。高校野球で演奏される「栄冠は君に輝く」という曲の作詞者である加賀大介氏(石川県根上町出身)を素材とした資料である。一般に郷土の人物を素材とした場合,その人物を主人公として作成することが多いが,この資料では,高校野球で敗退し挫折した人物を主人公として設定し,病気で片足を切断したため野球を断念せざるを得なかった加賀大介氏の「栄冠は君に輝く」という歌詞に込めた思いと,挫折した主人公の思いとが対比的に描かれている。

　子どもがこの教材と向き合うとき,子どもは挫折し自らの野球人生を封印した主人公を,自らの挫折体験や失敗体験と重ね合わせることで,その思いを共感的に受け止めることができる。そして,その後主人公が加賀大介氏の生き方を通して自らの生き方を振り返り考える姿から,挫折や失敗にくじけず立ち直ることの意味について,自らの考えを深めることができる。もし,この教材が加賀大介氏を主人公として描いていたとしたらどうであろうか。プラスの生き方モデルとしての加賀大介氏を,自らのマイナス体験と照らし合わせて考えさせるとしたら,どうしてもマイナスの自己を見つめることが前面に出るため,なかなか意欲的な学びを引き出すことが,前者の場合と比べてむずかしくなるのではないかと考える。

　このように,教材開発に際して,単に身近な素材であるからというだけでなく,子どもにとって,より自らのこととして考えやすいような作成の工夫についても留意する必要があろう。

② 　学び合い・深め合う学習──多様で効果的な指導の工夫

　第二は,一人一人の子どもが,学ぶ道徳的価値について自らの考えをもち,他者との学び合いを通して,それを深められることである。他者と学び合う多様な場の工夫は,子どもが自らの考えを多面的・多角的に吟味し,自らの生き方に反映できる学びを深めることにつながる。

　そのためには,自らの考えを,他者(友達や教師,教材の主人公など)の考えと比較照合しながら深めていけるよう,以下のような点に留意した多様で効果的な指導の工夫が求められる。

1　ペアやグループによる話し合いや，立場を明確にした討論の場（問題解決的な学習も含む）などの工夫が考えられる。
2　視認性のある表現物（心情円盤・心の天秤など）や自分の立場を明確に示すネームプレート，グループによる話し合いを促す小白板や付箋紙の活用，自らの体験とつなげて考える（体験の想起）など，互いの考えに学び合い・深め合う（交流）活動の活性化につながる工夫が考えられる。
3　一定の話し合いの仕方（ルール）を学ぶことや，他者の視点に立って考える機会として有効な役割演技の活用等，伝え合う力や共感性などの資質能力の育成を図るための指導の工夫が考えられる。

「1」について，具体例を1つあげてみよう。小学校高学年で活用される教材に，「手品師」という読み物資料がある。大劇場に立てる日を夢見ながら腕を磨いている手品師の話である。ある日，しょんぼりしている少年を手品で励ました手品師は，次の日も少年に手品を見せることを約束した。ところが，その夜友人から電話があり，翌日大劇場に出られる話が伝えられた。手品師は，大劇場に出られる友人の話を受けるか，少年との約束を果たすか迷ってしまうという話である（資料では，このあと少年との約束を果たすために友人からの話を断り，少年の前で手品を演じる場面で終わっている）。

　多くの授業で，少年との約束を守るか，友人の話を受けて大劇場のほうを選ぶか，主人公が迷う場面を中心に，子どもたちに考えさせる展開がみられる。しかし，道徳の授業では，このような問題の解決を図るために，「どのようにすればよいか」と問い，「手品師は，大舞台に行くほうを選び，誰かに頼んで少年との約束の場所に行って，訳を話し理解してもらった後，別の機会に手品を見せる日の約束をしてもらう」などの方法論を考えさせるのではない。少年との「約束」を守ることと，自分のことを思って電話をかけてきてくれた友人の「信頼・友情」に応えることと，自分の夢をかなえるためのこれまでの自らの「努力」に応えることで悩みながらも，どのような考え方をもとに判断すればよいかについて考えを深めることこそ

が問われているのではなかろうか。

　単に少年との約束を守るということにおいて、「正直・誠実」を考えさせるのではなく、自らのことを信頼し、心配してくれている友人の思い（友情）に誠実に応えることや、これまでひたむきに努力してきた自らの生き方に誠実に向き合うことも併せて、「誠実」に生きるとはどういうことかについて、この問題場面（教材）を通して、自らの道徳的な見方・考え方をどのように深めるかが大切なのである。そのための一つの方法として、問題解決的な手法を用いて、どのように判断（行為など）するかを問い、その理由づけを考えさせ、立場の違う者同士で話し合うことが考えられる。

　多様で効果的な指導の工夫というのは、「道徳的諸価値についての理解を基に、自己を見つめ、物事を（広い視野から）多面的・多角的に考え、自己（人間として）の生き方についての考えを深める学習を行う。」という道徳科の特質を生かすことに効果があると判断した場合に活用して授業を構想することが、「解説」にも示されていることをあらためて確認しておく必要がある。

③　自己存在感・充実感を味わえる学習
　——よさを伸ばし、成長を促す評価の工夫

　第三は、一人一人の子どものよさが生かされ、その成長が実感できることである。授業の中で、自分の考えのよさが認められたり、日ごろの自分の行為が賞賛されたりするなど、学習の中に自分が位置づけられることは、自己受容を促すとともに、自己存在感や充実感を高め、自らの成長を実感することにつながる。

　そのためには、子どもがどのようなことを学んだかについての自己評価や、教師による適正な評価ができるよう、以下のような点に留意したよさを伸ばし、成長を促す評価の工夫が求められる。

1　道徳ノートやワークシートの活用など、学びの過程を振り返れる場や表現物の工夫が考えられる。
2　毎時間の学びの蓄積（ポートフォリオなど）をもとに、一定期間ごと

に子どもによる自己評価や教師からの評価を行うなど，特に，子どものよさに着目し，その伸びを確かめ，促すことに資する評価の工夫が考えられる。
3　先の学び合い深め合う交流の場において，子ども同士が自他の考えを確かめたり，受容したりすることを通して，自己存在感や充実感を味わえる場の工夫が考えられる。

　評価については，基本的に一人一人のよさを伸ばし，成長を促すという視点で考えることが必要である。すべての内容項目について網羅的に評価するのではなく，それぞれの子どものよさを核として，そこを中心に評価していくことが，答申で示された評価につながっていくものと考える。そのためには，日々の授業実践を通して学んだ子どもの姿が具体的に見えるよう，日々の道徳授業の確実な実施と，ねらいに即した工夫改善が求められよう。

(2) 道徳授業の充実のための指導体制の工夫

　真に実効性のある道徳教育，および新教科「道徳」の指導を行ううえで，その充実のためにどのように指導体制を工夫するかが問われる。これまでの学校における道徳教育は，「道徳の時間」の指導にとどまっており，その指導もともすれば学級担任まかせで，その取り組みは学校間や教員間でかなりばらつきが見られた。そこで，あらためて道徳授業の実質化につながるよう，以下のような点に留意して，学校全体や家庭・地域社会の連携・協力による指導体制の工夫改善を図る必要がある。

① **教師の連携協力による指導体制の工夫**

　校長のリーダーシップの下，道徳教育推進教師を中心に，全教職員が連携・協力して取り組めるため，以下のような指導体制の工夫が必要である。
1　指導力向上に向けた研修会や授業公開の機会の充実を図る。
2　道徳授業の推進体制として，T.T.や「ローテーション型」など多様なあり方を検討し工夫する。

② **家庭や地域社会との連携・協力の工夫**

　道徳教育，道徳授業の推進については，学校や教師だけでなく，家庭や

地域社会との連携・協力を得て，地域全体で取り組むことが必要である。
1　学校の道徳教育に関する目標や指導方針，重点項目，活動の様子等を積極的に家庭や地域社会に発信することについて工夫する。
2　学校の道徳教育に関する目標や指導方針，重点項目の決定等に際して，家庭や地域社会の声を反映できるよう工夫する。
3　保護者や地域の方々の道徳授業への積極的な参加・協力ができるよう工夫する。

　①の「2」について具体例をあげてみよう。学年団で同じ曜日の同じ時間に道徳の授業を行う「ローテーション型」という指導体制の工夫である。例えば，中学校で，学年団（3クラス）の教師（担任・副担任も含めて4人）が，それぞれ「十八番（おはこ）」の授業を5時間ずつ行うとする。4人が3クラスで5時間分，それぞれ得意な教材で授業を行うため，少なくとも20時間分は，担任が1人だけで行うより充実した授業が行われる可能性が高くなる。また，1つの授業を繰り返し3回行うため，それらの授業については，実施し振り返りを行うことにより，さらなる改善充実を図ることも期待できる。

　また，道徳教育推進教師とT.T.を組んだり，ローテーション型の授業の実施に際して，ほかの教師の実践を参観したりすることで，日々の道徳授業の実践が，子どもにとって充実した授業の具体化としてだけでなく，特別に研修の時間を設けることがむずかしい中で，自らの指導力の向上のための貴重な研修の機会ともなる。

　以上のことを踏まえたうえで，新たな枠組みとして位置づけられた新教科「道徳」についてどのような工夫ができるか，「教えがい」「学びがい」のある道徳授業の実質化に向けて，教師の意識改革が何よりも不可欠である。

第1章 理論編 5　新教科「道徳」でコンピテンシーを育てる

西野真由美

1　コンピテンシーを育成する教育への転換

(1) 教育改革の始動——資質・能力の育成に向けて

　いま，小中学校・高校の学習指導要領改訂に向けた議論が中央教育審議会で本格的に進められている。その審議の柱となっているのが，「資質・能力」の育成とそれを育てる「アクティブ・ラーニング」である。

　この中央教育審議会への諮問「初等中等教育における教育課程の基準等の在り方について」(2014〈平成26〉年11月20日) では，これからの社会が「厳しい挑戦の時代」と呼ばれている。そして，その時代を生き，将来を担う子どもたちには，「自立した人間として，他者と協働しながら価値の創造に挑み，未来を切り開いていく力を身に付けること」が求められると示され，「新しい時代を生きる上で必要な資質・能力を確実に育んでいく」という教育改革の方向性が打ち出された。さらに，これら必要な力を子どもたちに育むためには，「どのように学ぶか」という学びの質や深まりが重要であるとされ，「課題の発見と解決に向けて主体的・協働的に学ぶ学習 (いわゆる「アクティブ・ラーニング」)」の充実が求められている。

　2000年代初頭，OECDが新しい時代に求められるキー・コンピテンシーを提起して以来，資質・能力の育成を実現する学校教育改革は世界的な潮流となってきた。他方，我が国ではより早く，1990年代から，変化の激しい時代を「生きる力」の育成が重視されてきた。その理念がいま，世界的な潮流と合流して，「自立した人間として多様な他者と協働しながら創造

的に生きていく」ための資質・能力として具体化されようとしている。

現代が変化の激しい時代であるなら，その時代を「生きる力」もまた，この変化に応えた刷新が求められる。新教科「道徳」はそれにどう応えるべきか。キー・コンピテンシーを手がかりに考えてみよう。

（2）キー・コンピテンシーへの模索

知識基盤社会の到来，情報化の進展，そしてグローバル化のいっそうの加速によって，学校教育に対する社会の期待が大きく変化している。この認識が世界的に共有されていくなか，それらの声を結集して提起されたのがOECDのDeSeCoプロジェクトによるキー・コンピテンシーである。

DeSeCo（Definition and Selection of Key Competencies――鍵となる諸能力の定義と選択）は，1997~2003年にわたる学際的な専門家の協働と合意形成のプロセスを経て，「個人の成功」と「良好に機能する社会」を実現するために求められる資質・能力をキー・コンピテンシー（鍵となる能力）として提起した（下図）。その成果は，OECDが実施する国際的な学

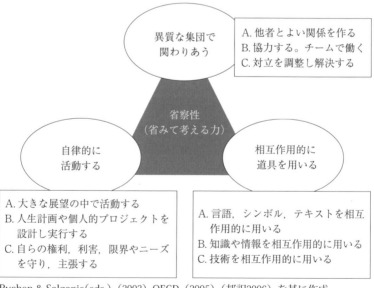

Rychen & Salganic(eds.) (2003), OECD (2005)（邦訳2006）を基に作成
キー・コンピテンシーの枠組み

力調査（PISA）に生かされ，大きな発信力をもつこととなった。

　キー・コンピテンシーの革新性は，「何を知っているか」から「何ができるか」への転換にあるといわれる。ただし，ここでのコンピテンシーとは，知識に対抗する「能力」ではなく，知識や技能，能力，さらに意欲や態度をも含む，いわば，行為を生みだす心の働き全体である。

　「わかったとしてもできるとは限らない」。この DeSeCo の問題提起は，道徳の授業に向かう教師たちを悩ませてきたテーマでもある。学んだことを実生活・実社会で生かすために，学校はどんな力を育てなければならないか。それは道徳教育が率先して問わねばならない問いだったといえよう。

　では，この問いにキー・コンピテンシーはどう答えるのだろうか。キー・コンピテンシーを端緒に，世界各国ではさまざまな資質・能力モデルが提起された。我が国でも，「人間力」（内閣府），「社会人基礎力」（経済産業省）など，教育界を越えてさまざまな提言が続いたことは記憶に新しい（次頁表）。一見多様にみえるこれらの資質・能力をキー・コンピテンシーとともに並べてみると，それらに共通するビジョンが見えてくる。

　まず気づくことは，知識や思考力などの伝統的な学力だけでなく，情意（態度や意欲），社会性や人間関係形成，コミュニケーションなど非認知的な資質・能力が広くカバーされ，大きな比重を占めていることである。コンピテンシーは，社会に生きる人間の全体をとらえようとしているといえる。

　第二に，育成すべき資質・能力の選択は，「何が善か」「何を大切にするか」という価値の問題と直結している。このことは，国際的な協働で提起された OECD のキー・コンピテンシーでは特に強く意識されている。

　キー・コンピテンシーには，それ自体に自律，尊重，責任などの中核的価値が顕在的・潜在的に示されている。しかしその検討過程では，例えば「自律」が西洋的規範を反映する特性であり，集団を重視する非西洋文化圏では文化的摩擦を引き起こす可能性があることも認識されている。また，コミュニケーションは世界の多くの国で重視されているが，何がよいコミュニケーションかを巡って，集団や文化，価値観の相違があることも意識されている。DeSeCo の国際的な枠組みは，こうした差異を認めつつ，対

2000年代に我が国で提起された主な資質・能力

人間力 (内閣府 2003)		就職基礎能力 (厚生労働省 2004)		社会人基礎力 (経済産業省 2006)		学士力 (文部科学省 2008)	
知的能力的要素	基礎学力(主に学校教育を通じて修得される基礎的な知的能力)	コミュニケーション能力	意思疎通	前に踏み出す力(action)	主体性	知識・理解	専攻する特定の学問分野における基本的な知識の体系的な理解
			協調性		働きかけ力		
	「専門的な知識・ノウハウ」を持ち,自らそれを継続的に高めていく力		自己表現力		実行力	汎用的技能	コミュニケーション・スキル
		職業人意識	責任感	考え抜く力(thinking)	課題発見力		数量的スキル
			向上心・探求心		計画力		情報リテラシー
	論理的思考力						論理的思考力
	創造力				創造力		問題解決力
社会・対人関係的要素	コミュニケーションスキル		職業意識・勤労観			態度・志向性	自己管理力
		基礎学力	読み書き計算・数学的思考		発信力		チームワークリーダーシップ
	リーダーシップ			チームで働く力(teamwork)	傾聴力		倫理観
	公共心		社会人常識		柔軟性		市民としての社会的責任
	規範意識						生涯学習力
	他者を尊重し切磋琢磨しながらお互いを高めあう力	ビジネスマナー	基本的なマナー		情況把握力	総合的な学習経験と創造的思考力	これまでに獲得した知識・技能・態度等を総合的に活用し,自らが立てた新たな課題にそれらを適用し,その課題を解決する能力
自己制御的要素	意欲	資格取得	情報技術関係の資格 経理・財務関係の資格 語学関係の資格		規律性		
	忍耐力				ストレスコントロール力		
	自分らしい生き方や成功を追求する力						

話と協働で問題を解決することや行為に対する道徳的責任を引き受けることなど,グローバル社会が共有できる価値や規範を志向している。コンピテンシーが社会で発揮されるものであるがゆえに,それらは集団や社会で共有されている価値との関連づけなしには育成されないのである。

　第三に,これらのモデルは,個人の将来と社会の未来を創る力を共に実

現することをめざしている。OECDのプロジェクトは，当初から，「個人の成功」と「良好に機能する社会」の実現をめざすと宣言している。それは，社会に役立つ人材育成という一方向的な発想ではない。個人が追求する幸福の多様性が，新しい価値や新しい社会を創る原動力となりうるという双方向的視点に立っている。さまざまな問題が山積するグローバル社会のなかで，個人と社会の幸福な未来をどう実現するか。そこに唯一の正解はない。多様な人々の協働で新しい未来を拓く力が求められているのである。

2　コンピテンシーの核心をとらえる

　DeSeCoのキー・コンピテンシーは，一覧表ではなく，3つの円で図示されている。この図には，さまざまな動的なかかわりが込められている。その「かかわり」をキーワードに，キー・コンピテンシーを読み解いてみよう。

（1）コンピテンシーは統合的に働く

　育成すべき資質・能力を表で整理すると，個々の能力が独立して働くような印象を与えてしまう。キー・コンピテンシーでは，3つのカテゴリを提示しつつも，それらが現実の場面でかかわり合って働くことを重視する。

　また，コンピテンシー（例えば「協力する」）の実行力は，知識や思考・判断などの認知面と心情や意欲，価値観などの非認知面がかかわり合って生まれる。構成要素をそれぞれ別個に育てれば「協力できる」ようになるわけではない。育成しなければならないのは，要素を統合する力である。

　能力のリストに目を奪われて，リストを固定的にとらえ，「どの要素が道徳教育で育成すべき能力か」などと追求しすぎないよう注意しよう。キー・コンピテンシーは，行為や実践を生み出す人間の全体的な働きを描きだそうとしている。資質・能力を個別要素に還元せず，統合的な力を育成する総合的なアプローチが求められている。

（2）コンピテンシーはかかわりの中で学ばれる

　コンピテンシーは，状況や文脈から切り離して身につけられる学力では

ない。さまざまな人や物に出会いながら，環境（文脈）の中で実践的に育まれる力である。このことは，道徳科が教室内の座学であるからこそ重要である。授業でコンピテンシーを育成するには，現実とのかかわりを教室でどう実現するかという視点を明確に意識しなければならないからである。

道徳の授業で現実とかかわる学びを実現する道は2つある。1つは，学校の教育活動全体における道徳教育とのつながりを意識すること。もう1つは，教室の学習活動自体で子どものかかわり合いを豊かにすることである。

（3）コミュニケーションが思考と行為をつなぐ

キー・コンピテンシーを構成する3つのカテゴリの中核に「省察性（振り返って考えること）——reflectiveness」がある。この省察性（邦訳では「思慮深さ」）をDeSeCoはこう説明する。「思慮深く考えることは，……考えている主体が相手の立場に立つことを要求する。……思慮深さが含むのは，メタ認知的な技能（考えることを考える），批判的なスタンスを取ることや創造的な能力の活用である。個人に要求されるのは一定水準の社会的成熟に達すること，つまり自分を社会的な抑圧から一定の距離を置くようにし，異なった視点をもち，自主的な判断をし，自分の行いに責任をとるようになることである」(OECD, 2005, pp.8-9：邦訳 pp.207-8)。

ここで示されているのは，道徳科が目標に掲げる「多面的・多角的に考え，自己の生き方についての考えを深める」ことにほかならない。キー・コンピテンシーは，深い道徳的思考によって支えられているのである。

省察性は，実践や思考を振り返って考える点では，「反省性」とも訳せるが，日本語の「反省」には，過ちを認めて改めるという印象が強い。キー・コンピテンシーの中核にあるのは，振り返りながら未来の実践への橋渡しとなる，創造的でポジティヴな思考である。

この思考は，自己との対話であり，自分に向き合う内省である。しかし，この対話を豊かで創造的なものにするには，対話の言葉を育てなければならない。それは，多様な見方や異なる意見に出会う現実の他者との対話を必要とする。多面的・多角的な視点に出会えるコミュニケーションから省

察へ。これこそ，教室で実現したい道徳的実践である。
　まとめよう。コンピテンシーの核心は，生きた現実とかかわりながら考え，多様な力を統合的に働かせる力である。そして，教室で実現できる生きた現実とは，子どもたち自身のかかわり合いである。このかかわり合いの中で多様な見方や考え方と出会いながら話し合い，共に考え自らを振り返るプロセスを充実させていくこと，すなわち「話し合いながら考える」道徳的実践が，道徳授業におけるキー・コンピテンシーの育成となるのである。

3　コンピテンシーから道徳授業をデザインする

（1）なぜアクティブ・ラーニングなのか
　中教審が注目する「アクティブ・ラーニング」は，日本では講義型の学びが中心であった大学で導入された能動的な学びの総称である。これは実は小中学校では身近なものである。現行学習指導要領にも言語活動や体験的な活動，問題解決的な学習や探究的な学習活動が盛り込まれている。ではなぜ，あらためて「アクティブ・ラーニング」が強調されたのだろうか。
　注目すべきは，アクティブ・ラーニングが資質・能力を育てる学習活動と位置づけられていることである。単に子ども中心の活動を充実させようということではない。「育てたい力」を明確に意識して活動を構想することが求められている。アクティブ・ラーニングは，学習内容（諸価値）と育成すべき資質・能力をつなぐ媒介なのである。子どもたちが対話や協働のなかで道徳的な問題について多様な見方や意見を出し合い，多面的・多角的に考えを深めていくプロセスを充実し，コンピテンシーの核心である省察を実現して，統合的な実践力を育成する。そんな学びが期待されている。

（2）新たな学びをデザインする
　道徳の授業は，とかく形式的と批判されてきた。そこでまず，ペアや小グループでの話し合いを取り入れるなど，学習活動の選択肢を増やすこと

から始めたい。「子どもを動かす」という視点で授業を構想してみよう。

　そのうえで，多様なアクティブ・ラーニングの手法や活動には質的な違いがあることを踏まえ，活動の質を高め，考えを深める学習を実現したい。

　例えば，同じ小グループでの話し合いでも，教師が子どもに期待する発言が想定されていて，活発な発言や参加意欲を引き出す目的で導入される場合と，子どもたち自身が問題の解決をめざして多様な考えを出し合う話し合いでは，後者のほうがどこへ向かうかわからない面白さがある。

　従来の授業では，途中の探求プロセスが多様でも，最終的な到達点はねらいとする一つの価値に集約されていた。いわばルートが複数ある山登りである。しかし現実の人生には，多様な選択が異なるゴールへ通じていく，航海型の実践もある。どちらか一方ではなく，山登り型も航海型も積極的に導入して子どもたちに多様な話し合いを体験させたい。

　改訂学習指導要領には，「現代的な課題」を扱うことが盛り込まれた。従来，例えば，「持続可能な地域社会づくりに向けて私たちに何ができるだろう」など，答えが開かれた話し合いは，ねらいに焦点化しにくいと敬遠されることもあった。新教科では，こうした正解が一つでない問いを共に話し合って新しい考えを創造することが求められている。

　道徳教育における創造とは，何か新奇な価値を創り出すことではない。迷いながら考え続け，対立を乗り越える答えを見出していく一人一人のプロセスが，かけがえのない価値の創造である。子どもたちが自分と社会の未来を創造する力を道徳の授業で育てていきたい。

[引用文献]

・D.S. ライチェン，L.H. サルガニク編（2006）.『キー・コンピテンシー──国際標準の学力をめざして』立田慶裕（監訳），明石書店。[Rychen, D.S. & Salganik, L.H. (Eds.) (2003). Key Competencies For a Successful Life and a Well-Functioning Society., OECD (2005). The Definition and Selection of Key Competencies：Exective Summary.]

第1章 理論編 6 新教科「道徳」の評価

田沼茂紀

1 これからの道徳評価をどう説くか

(1) 道徳の評価で何が変わるのか

　道徳の時間が教科となった。これは，厳然たる事実である。教科になればこれまで以上に学校の時間割にしっかりと位置づけられ，その時間の指導をうやむやに済ますといった馴れ合いは一切まかり成らぬということになるのである。

　さて，道徳教育に携わっているであろうと推測される多くの読者はこれまでの自らの日常指導をどう自己評価し，今後はどのように取り組んでいけばよいのかと自らの見通しをもっておいでなのだろうか。これまで慣れ親しんだ「道徳の時間」での指導と評価，小学校は平成30年，中学校は平成31年からの全面実施を控えた「特別の教科　道徳」，つまり道徳科への移行期間においてどのようにその指導法や評価法を模索していくのか，大いに悩みどころである。道徳授業が学校の教育課程の一領域から各教科とは一線を画した「特別の教科　道徳」となったのであるから，当然これまでの指導とは異なってくるであろうし，その評価方法も教科教育に倣うのが妥当であろうと考えるのは至極当然な結論である。本節では，敢えてそのような常識に抗い，これまでどおりのきちんとした道徳授業を行ってさえいれば，まったく困ることはないというコンセプトで以降を書き進めていきたい。つまり，当然の理屈ではあるが，きちんとした道徳指導なくしてきちんとした道徳評価はあり得ないというのが結論である。

冒頭からやや唐突な物言いである。しかし，これが今般の道徳科移行における道徳教育評価，道徳授業評価の基底となる考え方である。指導のない道徳教育，指導のない道徳授業に評価活動は不可能なのである。指導あっての道徳評価と理解して論を先に進めていきたい。

（２）道徳教育評価と道徳授業評価は区別して考える

　道徳評価と聞くと，教職にあれば大よそは見当がつくものである。その１時間で達成すべき目標，つまり指導内容の確実な定着に到達させるというゴールが明確な教科教育に比べ，道徳科ではその様相が異なることは誰しもが理解できることである。道徳授業では学校教育のさまざまな場面で断片的に行っている道徳指導での不十分な点を意図的・計画的な視点から補充し，教材を駆使しながら特定の内容項目に焦点化して深化し，学び手である子ども一人一人が自らの内面で統合して得心できるような道徳的実践への心構えとなる道徳的実践力という「内なる生きる力」を育成することに主眼が置かれているのである。つまり，子ども一人一人が人間としてのあり方や生き方に収斂されるような，自分自身の将来へつながる生き方学習という方向的な目標設定がなされるのである。だからこそ，今般の学習指導要領一部改正で示されたのは，単なる教科「道徳科」ではなく，「特別の教科　道徳」なのである。そうなれば，当然のことではあるが，その評価方法も各教科同様の観点で評価することには無理があるということになる。いや，そのような一人の人間の人格をランクづけしたり，ラベリングしたりするような道徳評価は厳に慎まなければならないのである。

　先に示された今次の一部改正学習指導要領では，これまでの「道徳の時間」が学校の教育課程に特設された昭和33（1958）年以降，幾度かの学習指導要領改訂を経ても大きな記述の変化がなかった道徳評価について，ある意味では思い切った文言の修正を行っている。言わば，その学習指導要領に示された道徳評価の意義や目的，その先にある教育指導のあり方を額面どおりに素直に受け止めてそのとおりに実践すれば，もうそれで十分に事が足りていると言うことになるのである。決して軽率な物言いをしている訳ではない。学校全体で取り組む道徳教育での評価と，年間わずか35時

間(小学校第1学年は34時間)で特化して指導される道徳授業での評価が同じであってよかろうはずなどないとするのが,教育学的見地から見てのきわめて妥当な見解であろうと考えるのである。

　つまり,各学校における道徳教育は「学校教育全体で取り組む道徳教育」と道徳科,いわゆる「道徳授業」で構成されるが,そこでの各々の教育評価は混同してはならないということである。それぞれにめざすべき目的があり,そこで期待する評価のあり方も当然のように異なってくるのである。これから各学校単位で,地域単位で道徳評価を考えていく際,学校教育全体で行う道徳教育の評価と道徳授業での評価を混同しないよう,是非とも留意していただきたいと思う次第である。

2　道徳的成長と道徳的学びを見取る道徳評価の視点

(1) 道徳評価の歴史から見えてくる本質的視点とは

　昭和33(1958)年の小学校学習指導要領第3章「道徳,特別教育活動および学校行事等」の第1節「道徳」の第3「指導計画作成および指導上の留意事項」,10項目目では「児童の道徳性について評価することは,指導上たいせつなことである。しかし道徳の時間だけについての児童の態度や理解などを,教科における評定と同様に評定することは適当ではない」と述べられている。このまま額面どおりに解釈するなら,ポイントは3点であろう。箇条書きすれば以下のようになる。
①道徳教育では,その指導上の特質として評価することは大切である。
②でも,道徳授業では教科指導のような数値評価をしてはいけない。
③よって,道徳授業での道徳性の高まりは慎重に評価すべきである。

　如何であろうか。およそ,学校教育においては教師が指導する以上,その指導効果の見取りをきちんとしないなどということは基本的に許されないのである。ならば,道徳評価はこれまでも,これからも必須であるということになろう。

　ちなみに,同33年の中学校学習指導要領での評価に関する記述は,第3

章第3節5に「生徒の道徳性は,家族,友人,学校,地域社会,職場,国家,国際社会など,いろいろの場との関連において形成されるものであることを常に念頭において,指導がなされなければならない」とあり,同6には「指導の効果をあげるためには,生徒の道徳性形成に関係のある家庭環境,生育歴,地域の特性や交友関係などに関する資料を収集・整理し,これを活用することが必要である」,同7には「教師は,深い愛情をもって公平に生徒に接し,できるだけ許容的な態度で,気長に生徒の道徳的な自覚を育てる必要がある。しかし,それとともに,生徒が悪や低俗な行為に引きずられ,望ましい転換がなかなか起こらないような場合には,適時に適切な積極的指導を与えることも必要である。なお,生徒の道徳性の発達には,個人差があることを考慮し,これに応じた指導をしなければならない」と続けて述べられている。

　ここから汲み取れる評価要件は,以下の3点である。
①道徳性はさまざまな関連の中で形成されるもので,広い評価視点が必須。
②道徳性形成の指導効果をあげるためには多様な情報収集・活用が必要。
③道徳性発達には個人差があり,個に応じた指導の視点が重要。

　上述の評価要件を道徳教育評価,道徳授業評価に当てはめていくと,その前提要件が明確になってくる。

　1つ目は,道徳評価の前提となるのはあくまでも個人内評価であるということである。道徳性は他者と比べても,ランクづけしても,それはまったく意味をなさない。個としてより善く生きるための資質・能力である道徳性の見取りは,あくまでも子ども自身の自己成長の足跡を評価によって見届けさせることが大切なのである。

　2つ目は,子どもの道徳的成長,即ち道徳的学びは「人,こと,もの」とのかかわり合いを通して生起するものであることを念頭に,さまざまな教育活動を通じての道徳教育や道徳授業での活性化の工夫をすれば,自ずと個々の子どもの道徳的変容が評価できるようになってくるものなのである。

　3つ目は,道徳指導の効果をあげるためには子ども一人一人の内面を知

るための情報収集方法を工夫して評価し，多面的に個を理解することで情報活用に基づくさらなる指導改善が図れるようになるのである。

　これら3点の事柄をより整理するなら，個の内面にある多様な成長動機と道徳的学びを理解するためにはパフォーマンス（performance）評価が何よりも必要である。そして，それらは個としての善い生き方を実現させる望ましい状態（well-being）を一定期間通して評価情報として累積していくポートフォリオ（portfolio）評価も当然ながら不可欠な視点となる。

　今般の道徳科創設でとりわけ脚光を浴びたのは，言うまでもなく「道徳授業評価」の問題である。事実，全国新聞紙ですら道徳授業評価をことさら改革の中心的課題とするような報道をしている。例えば，従前の「道徳の時間」での評価は「なし」，今後展開される「特別の教科　道徳」では「数値ではなく記述式で評価」といった報道がされている。つまり，これまでは道徳授業評価が存在していなかったかのような印象を多くの国民が抱いていたのである。よって，今般の道徳科創設で問題とされたのは，道徳授業に評価をもち込むことの是非であり，評価は誰のためのものなのかという当事者性はまったく意に介されないのである。つまり，道徳授業で学ぶ子どもたちの視点が抜け落ちているのである。

　道徳科創設提言「道徳に係る教育課程の改善等について」を答申（平成26年10月）した中央教育審議会では「道徳教育における評価は，指導を通じて表れる児童生徒の道徳性の変容を，指導のねらいや内容に即して把握するものである。このことを通じて，児童生徒が自らの成長を実感し，学習意欲を高め，道徳性の向上につなげていくとともに，評価を踏まえ，教員が道徳教育に関する目標や計画，指導方法の改善・充実に取り組むことが期待される」と述べられていることにすべての説明は尽きるのである。

（2）道徳的学びを見取る評価観点の考え方

　今般の道徳授業改革でとりわけ脚光を浴びることとなったのは，新学習指導要領第3章「特別の教科　道徳」第3「指導計画の作成と内容の取扱い」の4項に述べられた「児童の学習状況や道徳性に係る成長の様子を継続的に把握し，指導に生かすよう努める必要がある。ただし，数値などに

よる評価は行わないものとする」という評価観である。道徳指導を通じて表れる子どもの道徳的変容を，道徳授業では毎時間のねらいや内容に即して把握し，そこでの個々の学びを継続的に発展させることに道徳評価の意味があり，学校教育全体を通じて展開する道徳教育では個々の内面的な善さとしての道徳性を的確に把握しながら，より自己成長を促そうとするところにその意図があると解することができよう。

　よって，これからの道徳評価を進めるためには適切な評価観点設定が不可欠である。そして，その評価観点を構成するためには道徳学習内容構成要素と，子どもの人格的成長につながる道徳的変容要素とを二元的にとらえていかなければならないことは当然予測されることである。これらが適切にクロス配置されることで，子どもの人格的成長をサポートする道徳評価が可能になってくると考えるものである。

3　道徳評価観点設定をどう進めるのか

(1) 道徳評価で留意すべきことは何か

　道徳評価で常に考慮しなければならないのは，その信頼性と妥当性である。例えば，道徳教育評価であれば，日常的な学校生活の自己点検表とか学期ごとの子どもたちの自己評価や相互評価として記述された振り返りシートが用いられる場面が想定される。それと教師の他者評価を重ね合わせて「行動の記録」欄に記載したり，通知表に文章で記述評価したりすることとなる。その際，そこでの評価内容が教師の主観に偏っていたり，一面的な評価であったりするなら，その対象である子ども自身やその保護者はそのまま納得して素直に受け取れないに違いないであろう。たとえそれが肯定的な評価であったとしても，当事者である子ども自身が納得しないかぎり，評価そのものを拒んだり，不信感を増幅させたりすることは自明なことである。当然，そんなわが子の不満げな姿を見た保護者も然りであろう。

(2) 道徳評価の観点をどう設計すればよいのか

　改めて言うまでもないが，毎日の学校生活で道徳教育評価の時間を設け

たり，毎時間の道徳授業の中でさまざまな評価観点を設定して見取ったりといった「評価のための道徳」となってはならない。ましてや多忙な学校現場において，道徳評価に費やせる時間は限られているに違いない。それを前提に学校での道徳評価を充実させていくためには，その時々での評価観点を絞り込んで「点としての評価」を的確に行っていくことである。その点を一定スパンで継続するなら点はやがて面となり，一人の子どもの道徳的学びのよさや生き方の善さを体現した「面としての評価」を形作ろう。そうなれば，子ども自身も納得できる評価内容となることは当然であろう。

　全教育活動や道徳授業の中での評価観点としてどんな内容が設定でき，それをどう子どもたちの自己成長へ結びつけていくのかという教師側の見通しと，具体的なパフォーマンス評価の手立て（つぶやきや発言，挙手や起立等での態度表明，ワークシート記述，動作化・役割演技等や表情，取り組みの意欲等々）への見通しが両立できるような現実的視点での評価観点設定を，各学校レベルでは留意すべきである。繰り返すが，「評価のための評価」であってはならないし，「評価のための授業」であってもならない。

（3）道徳評価観点設定を構想するための考え方

　道徳授業で大切なのは，子ども自身が自らの生き方の善さ，人格的成長を自覚し，さらに高まろうとする内発的動機を強化するように評価していくことである。子どもの道徳的学び評価は，あくまでも一個人内のプライベートな事柄に終始するのである。そこには他者との比較も，平均化された集団的特質理解もさほど重要な意味をもたない。このような個に焦点化した道徳評価観点を構想するなら，以下のような方法も考えられよう。

　学習指導要領に示された道徳科のねらいに当てはめて，縦軸にその学びで期待する道徳学習内容構成要素を配置し，横軸に道徳的成長要素としての道徳的理解・思考・判断（認知的側面），道徳的心情の覚醒（情意的側面），さらには実践化への意思力や技能といった道徳的実践意思力・スキル（行動的側面）を配置し，それらをクロスさせることで簡便な見取りの目安を視覚化できないであろうか。今日はこの部分だけ，本時ではここに着

目してパフォーマンス評価を記録に留めようといった活用が考えられよう。

道徳評価観点設定のための二次元マトリックスモデル図

◆道徳的学びを通して子どもに身につけさせる資質・能力

学びの内容／成長要素	理解・思考・判断	心情の覚醒	道徳的実践意思力・スキル
本質的な学びの内容			
価値ある学びの内容			
知って意味ある内容			

◆指導目標として設定される道徳的学びの内容の質

　ここで意図するのは，いつもすべての観点で評価するのではなく，その時々の観点で，どんな方法を用いて明確な評価にするかということである。

　道徳評価をどう理解し，どう進めていけばよいのかと改まって問い直すと，つい「この子は，道徳的にどのように成長したのか」とか，「この子のこのような側面から見ると成長したように判断できるのか」といった，やや大人の都合による客観的事実を背景にした道徳的成長のとらえ方とは齟齬を生じがちである。しかし，道徳授業は「生きて働いてこその力」，道徳的行為を可能にする内面的資質としてそれを支え，後押しする力，「道徳的実践力」を育成することが何よりも大切なのである。教師が子ども一人一人の道徳的発達の状況を的確に把握し，家庭との連携を図りながら一つ一つの「点」としての子どもの道徳的学びを結びつけ合い，関連づけすることで，個としての有意味な道徳的学びの成果という大きな「面」を構成することも大いに可能となってくる。「点から面へ」という指導観，大切にしたいものである。

　道徳授業で子どもの学びを評価することと，あらゆる教育活動の機会を通じて行う道徳教育で評価することとは，根源の部分では同一であるが，各々の教育的意図や見取りの目的，方法も異なる。それをどう有機的に関連づけて指導していけばよいのかという点については，やや突き放したような表現になってしまうが，教師側の子どもを見取る力量がすべてであることを肝に銘じておきたい。

第1章 理論編 7 新教科「道徳」で行うモラルスキルトレーニング

林　泰成

1　スキルトレーニングと道徳教育

　スキルトレーニングとは，具体的な行動の仕方を身につけるための訓練法である。国際的に広く認知されているものとして，ソーシャルスキルトレーニングとライフスキル教育がある。

　ソーシャルスキルトレーニングは，カリフォルニア大学のロバート・リバーマンが，精神障害のリハビリテーションの技法として提案したものである。いまでは，広くさまざまな領域で応用されており，日本でも，学校教育ばかりでなく，会社の研修会などでも利用されている。

　一方，ライフスキル教育は，世界保健機関（WHO）によって提案されたもので，ライフスキルは，「日常生活で生じるさまざまな要求や問題に，個人が効果的に対処できるようにする適応的積極的行動の能力」と WHO によって定義されている。それを教えることがライフスキル教育である。日本においても，健康教育や，日常生活の技能の獲得など，さまざまな形で応用されている。

　両者ともに，行動の仕方ばかりでなく，自尊感情を高めるなどの効果もあるとされており，教育における有効性は大いに期待されるところである。

　しかし，こうしたやり方を道徳の時間に実践すると，その表面的な指導法のみが注目されて批判されるのが常であった。というのも，道徳の時間は，座って学ぶ時間であり，行動の仕方を教えるようなやり方は，道徳教育の本来の方法ではないとみなされてきたからである。また，そうしたや

り方では，道徳的価値を教えるものとはならないとみなされてきたからである。道徳教育の本質が人間の内面的道徳性の形成にあるとすれば，表面的な行動の指導に留まっているかのように見えるスキルトレーニングに対しては，こうした批判もあながち誤っているとは言いきれない。しかし，その一方で，道徳教育が，具体的な行動につながらないとすれば，それは道徳教育の名に値するとは言えないだろう。道徳教育は，内面的な道徳性を育てつつ，具体的な行動へとつながるものでなければならない。それを実現しようとする試みが，モラルスキルトレーニングである。

2　モラルスキルトレーニングの2つの要件

　モラルスキルトレーニングには，2つの要件がある。
　1つは，道徳教育であるということである。何をもって道徳教育とみなすかということは，研究者ごとに異なるであろう。しかし，平成27年3月に一部改正され告示された学習指導要領でも，内容項目を教えるという点は変わっていないので，実践するという立場では，それを道徳教育の根幹にあるものとみなすことになるだろう。
　2つめは，スキルトレーニングになっているということである。つまり，具体的な行動のスキルを教えるものであるということである。
　したがって，モラルスキルトレーニングは，道徳的価値（内容項目）を教えることをねらいとしつつ，同時に，スキルの獲得をめざしている。
　ところで，先に，道徳の時間にスキルトレーニングを行うことには批判があるという主旨のことを述べた。しかし，一部改正された学習指導要領には，次のような文言がある。「児童の発達の段階や特性等を考慮し，指導のねらいに即して，問題解決的な学習，道徳的行為に関する体験的な学習等を適切に取り入れるなど，指導方法を工夫すること」（小学校学習指導要領）。中学校学習指導要領にも同様の表現がある。「道徳的行為に関する体験的な学習」を取り入れることも，ここに明示されているのである。指導のねらいを明確にしつつ，そのねらいに即したスキルトレーニングは，

むしろ積極的に取り入れるべきだということになる。

　こうした点は，今回の教科化の議論をさかのぼって考えてみれば当然のことであると言えるかもしれない。今回の教科化の提案が最初に示されたのは，平成25年2月に出された教育再生実行会議の第1次提言であったため，そのタイトルは，「いじめの問題等への対応について」となっていたからである。いじめ対応ということが前提の教科化であれば，道徳教育は内面的道徳性を育てるものであるとは言え，ゆっくりと心を育てるから待ってくれなどと悠長なことは言っていられない。目の前でいじめの事象が起こっているとすれば，すぐにでも止めなければならない。そのために効果的な行動の指導法を導入せざるをえない。

3　モラルスキルトレーニングの流れ

　モラルスキルトレーニングの一般的な流れは次のようになっている。
①資料の提示：教材を提示する。
②ペアインタビュー：二人一組になってインタビューし合う。
③ロールプレイング1：教材のある場面を演じてみる。
④シェアリング：感想を言い合って，よい行動方法を強化し，悪い方法を
　修正する。
⑤メンタルリハーサル：教材と類似しているが異なる場面を語り聞かせ，
　イメージさせる。
⑥ロールプレイング2：イメージしたものを再度演じてみる。
⑦シェアリング：④に同じ。
⑧課題の提示：学んだ行動方法を日常場面で生かすような課題を示す。
　資料提示の方法は，子どもたちの状態に応じていろいろ考えられる。低学年であれば，黒板に絵を貼って語り聞かせるというやり方も効果的である。教師が範読するということでもよいし，落ち着いた学級であれば，子どもたちが黙読するということでもよい。
　ペアインタビューは，演じることに対する心理的抵抗を低減させるため

の工夫である。心理劇やロールプレイングでは，参加者の心のうちに「嫌だな」とか，「ばかばかしい」というような心理的な抵抗が起こりやすい。それをなくすためには，ウォーミングアップをていねいに行うことが推奨される。しかし，小学校なら45分，中学校なら50分の授業の中で，ウォーミングアップのエクササイズを始めると，それだけで授業が終わってしまうようなことにもなりかねない。そこで，ウォーミングアップにもなり，かつ，教材理解にも資するように，二人一組になってインタビューし合う活動を取り入れている。もし，学級集団が，演者をからかったりすることのない良い集団に育っているなら，ウォーミングアップはなくてもよい。

　ロールプレイング1では，教材のある場面を取り出して演じてみる。子どもたちがまったく行動の仕方をイメージできないようなら，教材に描かれているように演じさせるのがよい。しかし，ある程度のことはできるが，まだその行動の意味がわかっていないようなときには，状況設定だけして，あとは子ども自身に即興的に演じさせるのがよい。その後のシェアリングを通して，演じたときの気持ちを尋ね，さらに自分の行動の意味を考えさせるのである。望ましくない行動の演技をしたときには，その意味を考えさせて，良くできている部分はほめながらも，修正を加えるようなヒントを与えるのがよい。

　この段階で教材から離れ，教材と類似しているが異なる場面を語り聞かせてイメージさせるメンタルリハーサルを行う。いわゆるイメージトレーニングである。行動のイメージさえ思い浮かばないようでは，実際の場面で道徳的行動ができるはずはない。また，このメンタルリハーサルは，ロールプレイングで学んだことを異なる場面でも使えるようにする，つまり一般化するという役割をも担っている。

　そして，その後もう一度，イメージしたものを演じ，感想を話し合う。

　最後に，学んだ行動方法を日常場面で生かすような課題を示す。例えば，「今日は，感謝の言葉を勉強しました。これから毎日1回は『ありがとう』って言おうね。毎朝，先生に昨日は誰に『ありがとう』って言ったのか教えてね」というようなことを伝えて，日常場面への一般化を促すのである。

以上のように説明すると、1コマの授業でこれだけ盛り込むのは無理だと批判されることであろう。私たちの研究グループでも、何度も実践しているが、これをすべて盛り込むのは、教師と子どもの双方がこのスタイルに慣れていなければ、確かに時間的にむずかしい。最初は、無理せずに、簡略化した実践を勧めたい。先にも述べたが、道徳教育であることとスキルトレーニングになっていることがモラルスキルトレーニングの要件なのである。一部分を道徳科の授業に取り入れるだけでも、話し合いを中心とした授業とはずいぶんと趣の異なる授業になることだろう。

4 ロールプレイングとの違い

これまでの道徳の時間でも、ロールプレイングを取り入れた授業はよく行われてきた。それとモラルスキルトレーニングはどのように違うのか。

道徳の時間に行われているロールプレイングは、大きく2つに分類できる。1つは、シナリオどおりに演じるロールプレイングである。このやり方は、登場人物の気持ちの理解に有効である。また、途中で役割交代すれば、資料で描かれている別な登場人物の立場もわかるようになる。

もう1つは、場面設定だけしておいて、あとは子どもに自由に演じさせるやり方である。ロールプレイングは、心理劇から派生したものである。心理療法家ジャック・モレノの提案した心理劇は、もともとシナリオのない心理療法の一種であったから、こちらのやり方が、オリジナルに近いと言える。こちらのやり方は、自分の気持ちや考え方に気づくことが多い。

いずれのやり方も、心の動きや、気持ちの動き、考え方など、内面に向かって収斂していくような点にその特色があると言えよう。

しかし、モラルスキルトレーニングは、スキルトレーニングとしての一面を有している。したがって、ときには、型はめ的なスタイルになることもある。例えば「あいさつはこういうふうにするんですよ」とモデルを示して、それを身につけさせるために、子どもたちに実際にやらせる。これは、きわめてソーシャルスキルトレーニングに近い。けれども、同時に、

道徳教育的要素も求められる。自分自身が道徳的行動をしなければならない場面に遭遇したときにどう行動するかを考えさせるような一面も必要なのである。何度も，同じ場面で演じてみて，それぞれの場合の気持ちや考えについて振り返り，ほんとうにそうした場面に遭遇したときに自分ならどう行動するかを考えさせたい。その場合には，自由に演じるロールプレイングにきわめて近い。

つまり，モラルスキルトレーニングは，一面においては道徳教育的側面をもちながら，スキルトレーニングとしては，型はめ的なソーシャルスキルトレーニングと自由に演じるロールプレイングの間にあって，子どもの状態に合わせて変動させていくべきものである。子どもたちがあいさつの仕方を知らない状態なら，そのスキルを教え込むのがよいが，そのやり方はわかっているのにできないということであれば，自由に演じさせてあいさつの意味を考えさせるのがよい。

今回の教科化では，教科書が作られ，郷土愛にかかわる内容などについては代替的に教科書以外の教材を用いることも認められるが，基本的には教科書を使用しなければならない。しかし，これまでも，副読本の資料を用いながらロールプレイングが授業の手法として用いられてきたように，教科書の教材を用いたモラルスキルトレーニングは可能である。教材の中のスキルを学べる場面を用いて，子どもたちが望ましい道徳的行為を主体的に学べるような工夫を凝らすことが求められる。

[参考文献]

- ロバート・ポール・リバーマン『精神障害と回復：リバーマンのリハビリテーション・マニュアル』星和書店，2011年
- 林泰成（編）『小学校道徳授業で仲間づくり・クラスづくり モラルスキルトレーニングプログラム』明治図書，2008年
- 林泰成（編）『中学校道徳授業で仲間づくり・クラスづくり モラルスキルトレーニングプログラム』明治図書，2011年
- 林泰成『モラルスキルトレーニングスタートブック』明治図書，2013年

新教科「道徳」で行う礼法の授業

柴崎直人

はじめに

　従来の道徳教育における「礼儀」の学習で，心情理解のみに終始したり，わかりきったことを言わせたり書かせたり，ひたすら挨拶をさせたりするだけの，偏った形式的な「礼儀の指導」がみられた。では，児童生徒が生きる喜びを味わえるような，本質的な礼儀の学びを提供するために指導者には何が必要なのだろうか。本稿では日本のマナー・エチケット・礼儀作法の体系である「礼法」に注目し，道徳的価値「礼儀」の本質の理解と，道徳的な判断力，心情，実践意欲と態度を育てる指導について考察する。

1　礼法とは

　礼法とは何か。辞書には「礼儀・作法のやり方やきまり」（『大辞林』第三版），「礼儀作法。礼式。」（『明鏡国語辞典』），「礼の作法。礼儀。」（『広辞苑』第六版）とあり，国語的には礼儀や作法の類語ととらえることができる。このうち，『明鏡国語辞典』には「武家の─」という用例があり，武家の礼法が日本文化において一般的な存在であったことが伺える。この武家の礼法には室町時代以降に，伊勢家，今川家，小笠原家などの諸礼家が伝えてきた流派礼法がある。現在ではとくに小笠原流礼法が著名である。小笠原流礼法は日本の礼儀作法の源流ともされてきたもので，茶道をはじめ日本文化のさまざまな作法に影響を与えてきた。
　本稿ではこれら武家文化に依存する流派礼法に拘泥せず，「礼法」を「武家文化を含む日本の伝統文化における礼儀作法」と広義にとらえる。

その本質は他者の尊重にともなう敬意・感謝・思いやりの表現である。

2 礼儀・作法，マナー，エチケット，礼法の語意

礼儀作法の類語には，マナーやエチケットなどがある。また，礼儀と作法はそれぞれ別の概念をもつ。そこで初めにこれらの語意を整理する。

礼儀の類語と語意

礼 儀	円滑な人間関係や社会生活の秩序を維持するために人が守るべき行動様式・行動規範のこと。
作 法	日常・非日常の営みにおける起居・動作（立居振舞い）について手本となる正しい方式のこと。
マナー	自身に働きかけて律する行動原理が他者との関係性に応じて機能し，望ましいとされる特定の型をもって表出したもの。
エチケット	自身の心の中にある行動の規範のこと。自分の中から，自分自身に働きかけて律する行動原理であり，自己への指向性を内包したもの。
礼 法	他者を大切にしようと考えて，敬意や感謝，思いやりなどの気持ちが相手に的確に伝わるように，その時・場所・状況に応じて日本文化的に美しく望ましく表現するための思想と方法の体系のこと。

3 礼儀教育と礼法教育の違い

礼儀教育とは一般的な礼儀，作法，マナー，エチケットを手がかりに，道徳的な判断力，心情，実践意欲と態度を育て，他者の尊重にともなう敬意・感謝・思いやりの適切な表出を期待する教育である。礼法教育とは，日本の伝統文化における各種作法をはじめとして，一般的な礼儀，作法，マナー，エチケットを手がかりに，道徳的な判断力，心情，実践意欲と態度を育て，他者の尊重にともなう敬意・感謝・思いやりの適切な表出を期待する教育である。これらは礼儀作法を通じて道徳性を養うという目標は同一だが，礼法教育には，日本の伝統文化に関係する教材や，日本文化的心情，日本文化的美意識などの学びが含まれる，などの特徴がある。

このような特質から、礼法教育においては単なる礼儀教育よりも日本の伝統文化に関する多角的多面的な学びを得ることができる。それと同時に、異文化との比較を通じて、国際理解、国際親善に必要な知識、意識、態度の本質的な構築が期待できる。

4　礼法を踏まえた学校教育

学校の教育活動全体を通じて行う道徳教育を礼法の視点からとらえるとき、各教科・領域等（以下「教科等」）の活動においてどのような内容や意識・態度を学習の手がかりとして活用することが可能だろうか。道徳科の授業においては教科等での道徳の学びを補充・深化・統合することが求められるため、教科等の学習内容を知り、有機的に結合させようとする意識を指導者がもつことは非常に重要である。次ページ表に小学校における教科等ごとの例を示す。道徳教育については別項で詳しく述べる。

これらとあわせて、学校教育全体での言語活動では聞くマナーや話すマナーがあげられる。以上はあくまでも一例である。児童生徒の発達状況や、地域性、時期などを考慮した内容の選択が不可欠であろう。なお、学校教育で扱うことが可能と考えられる内容を69ページに表としてあげる。

5　道徳教育と礼法

道徳教育においては、表に示されるような礼法の内容を手がかりとして、道徳の学びをすすめることが可能である。学習指導要領においては、礼儀の学びに関して、「特別の教科　道徳」の「B　主として人との関わりに関すること」の中で発達段階に応じ次のように示されている。
【小学校】〔第1学年及び第2学年〕気持ちのよい挨拶、言葉遣い、動作などに心掛けて、明るく接すること。〔第3学年及び第4学年〕礼儀の大切さを知り、誰に対しても真心をもって接すること。〔第5学年及び第6学年〕時と場をわきまえて、礼儀正しく真心をもって接すること。

教科等における礼法に関する学習内容例（小学校）

国　語	相手を大切にする言葉，話し方，手紙
社　会	年中行事，国旗，衣服，料理，食事の習慣，国民に親しまれている行事，学校生活，挨拶の仕方や各種マナー，伝統武道
算　数	日常の事象について見通しをもち筋道を立てて考え，それを相手にとってわかりやすく表現する意識にもとづく配慮
理　科	生物相互の関係や自然界のつり合いについて考え，それをもとに得られる自然と人間のかかわり，人と人とのかかわりの認識
生　活	動植物の育成等を通じた，生命あるものを大切にする意識と態度
音　楽	演奏会等の鑑賞のマナー，表現・鑑賞時の集団におけるマナー
図画工作	美術館の鑑賞のマナー，展示作品を傷めないための鑑賞方法
家　庭	衣食住に関する作法・マナー，伝統的なひも結び，折形と水引
体　育	競技の前の礼，スポーツのマナー，観戦マナー，柔剣道等の礼法
総合的な学習の時間	面会・予約のマナー，電話・手紙（お礼）のマナー
外国語活動	礼や仕草のマナー（言語的・非言語的な相違）
特別活動	学級や生徒会での活動マナー，クラブ活動・部活動等での人間関係マナー，各種競技等マナー，卒業式等の儀式作法・参加マナー，修学旅行等における行事の活動内容に関する各種マナー

【中学校】礼儀の意義を理解し，時と場に応じた適切な言動をとること。

　このように，学習指導要領においては，礼儀の学びに際して児童生徒の発達に応じ，他者を尊重する敬意・感謝・思いやりを，時・場所・場合（以下TPO）に応じて言語的・非言語的に表現するための内容を扱うことが示されている。このねらいに沿うとき，道徳科の授業では礼法の内容を具体的にどのように取り上げていくべきだろうか。従来はいわゆる「読み物資料」を手がかりに，登場人物の心情を推察させるなどして道徳的価値の内面的自覚を促す形態が中心であった。しかし平成27年3月の学習指導要領改訂から，「第3　指導計画の作成と内容の取扱い　2－（5）」に「問題解決的な学習，道徳的行為に関する体験的な学習等を適切に取り入れるなど，指導方法を工夫すること。その際，それらの活動を通じて学んだ内容の意義などについて考えることができるようにすること。」が新たに示

学校教育で取り扱うことが可能な礼法の内容 （柴崎（2002）より作成）

機　能	分　類	内　容
かんがえる （原理）	○マナーの原理	・マナー・エチケット・礼儀作法の意義
	○マナーの歴史	・マナー・エチケット・礼儀作法の歴史
ふるまう （立居振舞い）	○基本動作 （立居振舞い）	・正しい姿勢・立つ・座る・方向転換・歩く・持つ・礼の思想・立礼・座礼・椅子の扱い
もてなす （訪問・贈答）	○訪問	・訪問の心得・もてなしの心得・和室の心得・床の間の歴史・上座・下座（洋室和室）・座布団・私邸の訪問・玄関の心得・履物の扱い・襖の開閉・ドア・服装・持ち物の扱い・各種見舞いの心得・茶菓の接待（珈琲・紅茶・煎茶・抹茶を出す・珈琲・紅茶・煎茶・抹茶を戴く）・菓子のいただきかた・懐紙の扱い・テーブルセッティング・花の飾りかた・辞去の挨拶・見送る
	○贈答	・贈答の歴史と心得・物の受け渡し（重いもの・軽いもの）・危険のあるものの扱い（鋭利・長大）・風呂敷の扱い・土産を渡す・日本間での受け渡し・洋間での受け渡し・玄関での受け渡し・季節のあいさつ（中元・歳暮等）・贈答品の選び方・贈答品の表書き
	○食事	・世界の食法・和食の文化（本膳料理・会席料理・精進料理等）・和食の作法（・食事とは・箸の文化・箸の扱い・茶碗の扱い）・洋食の作法（・洋食の文化・ビュフェ形式・立食形式・食事中の会話）・各国料理の作法（中華・インド他）・パーティーの作法
つたえる （会話・各種通信）	○会話（電話）	・会話の作法・話題の選び方・敬語の心得・言葉遣い・電話の作法（かけ方・受け方）
	○手紙（メール）	・返信葉書の書き方・手紙の構成・時候の挨拶・封筒の扱い・慶弔文例・Eメールの心得と書き方・携帯メールの心得と書き方
つくる （折形・組紐）	○折形（祝儀包み・不祝儀包み等）	・折形の歴史と文化・慶事の包み・弔事の包み・内包み・水引の歴史と文化・水引の種類と結び方・小熨斗の作り方・熨斗の文化
	○組紐（紐結び）	・生活の結び・儀礼の結び
うけつぐ （年中行事・人生儀礼等伝統行事）	○年中行事	・日本文化と季節感（二十四節季など）・五節供・正月と盆（祖霊信仰と日本文化）・節分と彼岸・十五夜
	○慶事	・冠婚祭の文化・袱紗の扱い・扇子の扱い・結婚の文化・婚の服装・披露宴の心得・祝辞の心得・玉串奉奠・式三献・結納の心得・結納品の文化・三方の扱い

	○弔事	・弔事の文化・服装の心得・焼香，玉串，献花の作法
	○人生儀礼	・誕生から初誕生まで・命名書・百日の祝い膳・食い初め・初節供・七五三・十三参り等・成人の意味と歴史・祝い事（入学・卒業等）・歳祝い（還暦〜茶寿）・神前の拝礼・仏前の拝礼
かかわる（公衆マナー・国際儀礼・ビジネスマナー）	○公衆マナー	・みだしなみ・ドアの開閉・エレベーターとエスカレーター・交通ルール・車の乗降・荷物の扱い・ホテルのステイマナー・旅のマナー・観劇の作法・日本と外国の風習の違い
	○国際儀礼（プロトコル）	・正装の心得（ドレスコード）・国旗の扱い・席次の基本・パーティーの種類と招待状
	○ビジネスマナー	・言葉遣い・電話の応対・紹介・名刺の作法・案内・接客の心得・茶菓の接待・応接室，会議室の上座下座・会議（討議）のマナー・賞状，免状，辞令の受け方

柴崎直人「マナー・礼儀作法の教育における1年間カリキュラムの構築」日本道徳教育学会「道徳と教育」，No.312・313,2002,pp.287-304

された。つまり，今後の道徳の指導では，「道徳的行為」を体験的に学習するなどの指導方法の工夫が求められている。

以上を踏まえ，「玄関での履き物の扱い」を例にあげ，従来の指導過程との比較を通しつつ，今後期待される道徳の指導のあり方を考察する。

(1) 従来の指導過程の例

〔導入〕日常の礼儀観や礼儀の経験等について尋ね，いろいろな考えや内容があることを確認させる。〔展開1〕「病院の待合室で，ある少女が脱ぎ捨てられている履き物を揃えてくれた」という読み物資料を示し，登場人物の気持ちを考えさせ，ワークシートに記入させる。〔展開2〕児童生徒に各自の意見を発表させ，発問を重ねて理解を深めさせる。〔終末〕心のこもった礼儀とはどのようなものであるか，について話し合わせる。

(2) 今後期待される指導過程の例

〔導入〕学校や家庭の玄関で，いつもどのように履き物を扱っているかを確認させる。〔展開1〕玄関の画像（典型的な日本家屋の玄関：家の人が上で出迎えている）を示し，このようなとき，どのように履き物を扱うことが望ましいかを考えさせ，ワークシートに記入させ，グループで話し

合わせる。〔展開2〕グループごとに「代表案」を決定させ、実際に演じさせる。〔展開3〕どのグループの上がり方が最も「出迎えた人を尊重する」やり方になっていたかと発問し、それを基にさらに全体で一つの案にまとめ、代表としてあげられたグループの者が演じる。〔終末〕礼法における一般的な作法を紹介し、そこに込められた敬意・感謝・思いやりを確認する。そして作法は誰か偉い人が勝手に決めたのではなく、他者を尊重しようとして人々の意見をまとめたものであること、またそれがTPOによって柔軟に変化するものであること、そしてこれが礼儀の本質であることを確認することで、今後の言動と生活に活かすことができるようにする。

(3)「道徳的行為」に関する利点および留意点

この例のように、礼法における各種作法を手がかりとすれば礼儀の学びにおける「道徳的行為」の授業は比較的容易に成立し、またその題材は児童生徒の生活や各種学習活動に沿った幅広いものとなる。しかも日本の伝統文化の学びも得られるという利点がある。また、従来の道徳教育における礼儀の学びでは、挨拶病と指摘されるほど、その内容が挨拶ばかりに偏っていた。これに対して、礼儀を道徳的行為という視点からとらえることにより、その傾向が解消できるとともに、例えば修学旅行の前には電車や飛行機の乗り方や入浴の作法、ホテルや旅館の滞在マナーを取り上げるなど、より身近で有用な教育内容を児童生徒に提供することができることになる。

しかし一方で、道徳的行為の指導に関して「動作や行為を型として一方的に教え込むことになりかねない」との批判がある。その陥穽にはまらぬよう、指導者における礼儀の理解と、学習内容の精選が不可欠である。

また、児童生徒によっては恥ずかしがったり、わざとぞんざいに振る舞ったりすることも予想される。これについては、独立した成人（社会人）間では他者評価の重要な手がかりとして礼儀の修得状況と作法の実践状況が用いられることについて説諭することが望ましい。いずれにせよ、「他者の尊重にともなう敬意・感謝・思いやりの適切な表出」という礼儀の本質に常に立ち返らせることが肝要である。礼儀を手がかりに考え、議論し、現実の行為に落とし込んでいくような道徳科授業の活性化を期待したい。

新教科「道徳」で活かせるソーシャルスキルトレーニング！
―― 「何」を伝えるか,そして,「どのように」伝えるか

渡辺弥生

1 至福や健康を目標に据えた基本的な考え方

特定の問題への「対処」から,心理社会的な問題の「予防」へ

　世界保健機関（WHO）(1994) は,「健康であるために,日常生活で生じるさまざまな問題や要求に対して建設的かつ効果的に対処するために必要な心理社会的能力」として,「ライフスキル」の育成を提唱している。ところが,現実には,青少年のさまざまな危機行動が問題になっている。例えば,アメリカ（Centers for Disease Control and prevention, 2005）は,大きく6つの危機行動,「故意,または不慮の事故に関する行動」「喫煙」「飲酒および薬物」「望まない妊娠,性感染症に関する性行動」「不健康な食生活」「運動不足」を指摘している。そして,この背景に,ライフスキルの能力が不足していることがうかがえる。

　日本においては,上記の問題のほか,いじめや不登校,暴力の問題が社会的に大きく取り上げられている。その背景には,特に対人関係を円滑に営む「ソーシャルスキル」の不足が推察される。こうした危機行動は子どものときがきっかけになりやすく,大人になるにつれて固定化してしまい,さらに相互に関連して,複数の危険行動が同時あるいは連続的に出現する。

　1960年代から80年代にかけては,例えば,「万引きは悪い事だからやめなさい！」と,どちらかといえば脅しを用いた教育がされてきた。しかし,こうした罰型の教育は大きな成果を生まなかった。また,攻撃行動を押さえ込むことで,思いやり行動が増えるわけではない。「親切にせんか！」

と拳を高く振り上げて叱っても，子どもは恐いから渋々従うだけで，恐い人がいなければ何もしない。むしろ，拳を振り上げることを真似して，力でものごとを解決するようになる。

　こうした対症療法は，子どもの心にほんとうの道徳を深化することはできないのである。例えば，「万引きは良くない」と教えられても，現実には，仲間から誘われる（断れない），友達も万引きをしている（良いモデルがない），自暴自棄になっている（自尊心が低い），何がしたいかわからない（目標設定ができない），被害者の気持ちが想像できない（思いやりの欠如）といった状況から，また再犯することになるのである。

　つまり，問題行動を起こしている子どもたちは，「万引きは悪いことだ」と頭ではわかっている。しかし，わかっていても，また悪いことをしてしまうのは，先にあげた，「断るスキル」「良いモデルから学ぶスキル」「自尊心を高めるスキル」「目標設定のスキル」「思いやるスキル」といったさまざまなソーシャルスキル（ライフスキルでもよい）が不足しているからである。したがって，こうしたソーシャルスキルをきちんと教えていく教育実践が必要である。この節では，①思いやりのスキルに焦点を当てた教育実践と，②さまざまなソーシャルスキルを育てるソーシャルスキルトレーニングの２つの実践が基づく理論と実践の概要を紹介する。

2　思いやりのスキルを育てる実践
── VLF（Voices of Love and Freedom）

（1）道徳性の発達をまず理解

　この実践をする前に，まず教師は子どもの心の発達について興味をもち，主観的で独善的に子どもをとらえないよう，子どもの心の発達を勉強しておきたい。そうすれば，子どもたちの視点に立って，生きるためにどのようなことが必要なのかに気づき，子どもがそのことを理解して，実行できるように支援することができるようになる。

　そもそも，思いやりは，相手の気持ちや立場に立てる能力であるが，専門的には「役割取得能力」と呼ばれている。例えば，オーストラリアに旅

役割取得能力の発達段階（渡辺，2011）

レベル0	自己中心的役割取得（3～5歳）
	自己と他者の視点を区別することがむずかしい。同時に，他者の身体的特性を心理面と区別することがむずかしい。

レベル1	主観的役割取得（6～7歳）
	自分の視点と他者の視点を区別して理解するが，同時に関連づけることがむずかしい。また，他者の意図と行動を区別して考えられるようになり，行動が故意であったかどうかを考慮するようになる。ただし，「笑っていれば嬉しい」といった表面的な行動から感情を予測しがちである。

レベル2	二人称相応的役割取得（8～11歳）
	他者の視点から自分の思考や行動について内省できる。また，他者もそうすることができることを理解する。外から見える自分と自分だけが知る現実の自分という2つが存在することを理解するようになる。したがって，人と人とがかかわるときに他者の内省を正しく理解することの限界を認識できるようになる。

レベル3	三人称的役割取得（12～14歳）
	自分と他者の視点以外，第三者の視点をとることができるようになる。したがって，自分と他者の視点や相互作用を第三者の立場から互いに調整し，考慮できるようになる。

レベル4	一般化された他者としての役割取得（15～18歳）
	多様な視点が存在する状況で自分自身の視点を理解する。人の心の無意識の世界を理解し，主観的な視点をとらえるようになり，「いわなくても明らかな」といった深いところで共有される意味を認識する。

（注）役割取得能力は，社会的視点調整能力とほぼ同じ意味としてここでは用いられている。後者の方が包括的な意味合いが強い。

行をして地図を買うと，大人でも驚く人が少なくない。日本は，地図の真ん中にあって赤い色が塗られているというイメージが，いっぺんに覆されるからだ。日本はオーストラリア人からしたら，遠い小さな島なのだ。私たち人間は，どうしても独りよがりで，自己中心性が強い。そのため他者の視点から考える能力を育てることが求められる。

　ピアジェ（Piaget）やコールバーグ（Kohlberg）らの認知発達段階の理

論によれば，他者とたくさん交流し，できるだけ多くのジレンマを経験し，解決することを通して，自己中心性から脱却していくことができると考えられる。それでは，思いやりの心は，どれくらいの年齢でどの程度の思いやりを発揮することができるのだろうか。こうした基本的な発達の知識がないと，例えば，6歳の子どもに，「なぜ，彼の気持ちをわかってやれないんだ！」と叱りつけてしまう。そして，おそらく6歳の子どもは泣くだけで，「思いやりがどういうことか」は，わからずじまいである。

　思いやりの発達段階を紹介しよう。左表は，思いやりに匹敵する役割取得能力の発達段階である。これを念頭においておくと，子どもたちの意見や考え方を理解し，どのレベルを目標にするべきかが明らかになる。

(2) 思いやりのスキルを育てる教育実践

　こうした思いやりの発達にそって，発達のレベルを高める方法として，VLF思いやり育成プログラムがある。教材は教科書でもよいが，絵本を用いるとよい（渡辺,2011）。基本は，たくさんの人たちの視点や立場があることに気づき，理解できるように促すことである。この方法は，次の4つのステップを授業に活用すればよい。ステップ1の「結びつけること」は，まずは教師と生徒の信頼関係を築くことが求められている。そのために，先生が，あるエピソードを子どもたちに話し，子どもたちに関心を抱かせる。先生のお話に，子どもたちは興味津々であり，惹きつけられる。また，隠れたカリキュラムであるが，先生が話す行動は，子どもたちにとっては，誰かにエピソードを話すモデルにもなっている。

　ステップ2は，「話し合うこと」である。絵本などの教材を使い，さま

VLFステップの展開と特徴

基本	VLFステップ	VLFでの指導の特徴
導入	①結びつけること	教師の思い起こしの話
展開	②話し合うこと ③実践すること	資料に基づいて登場人物の視点を考える パートナーインタビュー ペア活動，ロールプレイ， 問題解決のABCなどを活用する。
終末	④表現すること	表現活動（日記，手紙，物語創作）

ざまな人物や動物の立場になって考えさせるワークを活用する。お話が展開する山場で立ち止まらせ，主人公だけではなく，他の登場人物がどのような考えをもっているか，どのような気持ちでいるかを考えさせる。

その際に，「パートナーインタヴュー」を使うと効果的である。ペアになって，「このとき，オオカミさんはどうして○○したと思いますか」等とインタヴューを交代し合う方法である。自分の意見を伝えることもでき，相手の意見を聴くこともできる。

ステップ3は，「実践すること」である。教材の話の山場や考えさせたい葛藤場面をどのように解決するかを，ペアワークやロールプレイによって考えさせる。その後，クラスで解決方法をシェアするとよい。友達の考えのすばらしさに気づいたり，新しい解決方法を学ぶことができる。

ステップ4は，「表現すること」である。登場人物の誰かに手紙を書いたり，物語の続きを創造させる。すなわち，他の人の立場を考えながら，自分の考えを関連づけて書くことを目的とした活動を行う。「○○さんへ，△△より」といった手紙は役割取得能力を育てる格好のワークである。

繰り返すようであるが，自分以外の人たちの考え方に気づき，自分の考え方や行動をさらにレベルアップさせることが目的である。気持ちだけを考えるのではなく，「なぜ」そう思うのか，理由づけを考えさせ，どのように解決できるのか，実際に行動できるまでを目標にしたい。例えば，展開で用いる問題解決のABCワークは，A：何が問題で登場人物が葛藤しているのか，B：どんな解決方法があるか，C：どの解決方法がベストか，を考えさせる方法であるが，思いやりを育てるうえで有効である。

3　ソーシャルスキルトレーニングは教師の基本スキル

次に，先にあげた「断るスキル」「自尊心を高めるスキル」などさまざまなソーシャルスキルを学ばせる方法を紹介しよう。

この取り組みは，道徳で教えたいことを「スキル」という具体的なイメージにして教えようという発想である。「愛は大事だ」「善悪を判断しよ

う」「嘘はいけない」「思いやりは大切だ」「勇気をもとう」「規則を守ろう」，こうした標語を何回唱えても，子どもの理解には限界がある。つまり，抽象性が高すぎて，身近な生活の中で，いつ，なにを，どのように行動することが，求められていることなのか，子どもへの説明がなさすぎるのである。ただ，学校の建物の随所に，こうした標語を掲示しているだけでも効果がない。言葉は暗記していても日常生活に発揮できる道徳的行動を涵養することはむずかしいのである。

　また，乱暴な子，嘘つきな子，思いやりがない子といったように，うまく実践できない子は，このような「烙印」がクラスの仲間や教師から押されてしまいがちである。こんな烙印を押された子どもたちの気持ちが想像できるだろうか。悲しみ，ときに憤り，理解されないことから阻害された気持ちになる。そして，逆に，望ましくない方向に背中を押すことになってしまうのである。

　ソーシャルスキルの考え方の特徴は，「性格」のせいにしないことである。原因をスキルが足りないと考え，練習すれば誰でも学べるという考え方をする。そのため，子どもたちにやる気をもたせることができる。そして，抽象度の高い道徳価値を「スキル」というイメージとしてとらえ，スモールステップで獲得できるように導いてやる。

　このトレーニングで用いられる技法は，私たちが日常生活で社会性や道徳性がどのように身につくかというメカニズムを活用している。いわば，エッセンスを凝縮して，授業というかたちにパッケージ化したと考えるとわかりやすいであろう。

　すなわち，インストラクション，モデリング，ロールプレイ，リハーサル，フィードバック，ホームワークを授業のなかに活用することで，授業を構成する。もう少しわかりやすく説明しよう。

■ **インストラクション（説明する）**：例えば，ただ「やさしくしなさい」ではなく，「□□してくれたから，困っていた○○くんができるようになったね。やさしくしてくれてありがとう。」「相手が困っている様子をよくみて，何をしてあげると役に立つかを考えて，できることをしてあげるこ

とが、やさしいことだよ」といったように、子どもの理解力に応じて、かみくだいて伝えることが大事である。

■ モデリング（やって見せる）：子どもは、直接叱られたり、ほめられなくても、観察して多くのことを学べる。教材でもドラマでも、実生活でも、即興のモデルでもよいので、良い例と悪い例をみせて、何がどう違うのか気づかせよう。そして、具体的に何をするとよいのか、ポイントとしてまとめるとよい。例：人の話を聴くときは、①身体をその人の方に向けて、②きちんと相手を見て、③頷いてあげる、といった具合である。

■ ロールプレイング、リハーサル（やらせてみる）：実際に学んだことは、身体を通して練習することが行動を身につけるうえで必要である。やってみるとイメージだけではなかなかむずかしいことや、タイミングや相手との関係も影響してくることに気づく。みんなで発見したことをポイントに加えて、失敗を恐れずにやってみることの大切さにも気づかせたい。

■ フィードバック（関心を示す。ほめる）：仲間からの「すごいな」「うまいね」というフィードバックは嬉しいものであるが、適切性に欠ける場合もある。そこで、教師は、その子どもに必要で、その子の意欲を削がず、チャレンジしようと思えるようフィードバックをしてほしい。

■ ホームワーク（チャレンジ）：授業でうまくできても、日常生活で実行できなければ役に立たない。そこで学んだスキルを他の場面で活用できるように促し、保護者にも協力してもらうことが望ましい。

　ぜひ、子どもたち自身に、幸せになるためには「道徳」が大切なことに気づいてもらえるよう、こうした方法を活用してほしい。

[参考文献]
・渡辺弥生『10代を育てるソーシャルスキル教育』北樹出版、2009年
・渡辺弥生『絵本で育てる思いやり──発達理論に基づいた教育実践』野間教育研究所、2011年
・渡辺弥生『子どもの「10歳の壁」とは何か？　乗り越えるための発達心理学』光文社、2011年

新教科・道徳はこうしたら面白い

第2章
実践編　小学校

第2章 実践編 小学校 1

「いじめ未然防止」に即効性のある道徳授業

佐藤幸司

目標と方法

いじめといじりには，共通点がある。それは，1対複数で行われ，相手に苦痛を与えることである。

2つの言葉を比較して考えることで，いじりはエスカレートするといじめにつながることに気づかせる。そして，からかいや冷やかしではないほんとうの友達関係について考えさせていく。

授業風景

板書前半（上）と後半（下）

おすすめポイント

資料（ぼくと田中君）をもとにした話し合いをした後，田中君とは，ニューヨーク・ヤンキースで活躍する田中将大投手であることを伝える。

「友達思いで勇気のある少年は，あの田中投手だった…」というサプライズが，授業をより印象深いものにしてくれる。

①授業の概要

　子どもたちは,「いじめを行ってはならない」ということは,知っている。しかし,友達への「いじり」は,楽しいから悪いことではないと思っている子が少なくない。いじられている側も,ある程度までは本人も楽しんでいるように見受けられることもある。

　けれども,「いじめ」も「いじり」も,相手に苦痛を与えているという点は同じである。二つの言葉を比べることから,ほんとうの友達関係について考えていく。

　また,田中将大投手の少年時代のエピソードを望ましい友達関係のモデルとして受け止め,「自分も,友達に声をかけたり,注意したりすることができる人になりたい」という思いをもたせる。

②授業計画

事前指導	学級内において,「いじられキャラ」的な子はいないかどうか日ごろから観察しておく。(もちろん,それがエスカレートしているような場面があれば,道徳の時間を待つまでもなく,即座に指導が必要である。)学級の実態に応じて,本時までに,「いじめといじり」について,自分の考えを日記ノート等にまとめさせておく方法もある。
本　時	まず,いじめといじりを比較検討する。次に,資料「ぼくと田中君」を読んで話し合う。最後に,自分の考えをワークシート等に書いてまとめる。
事後指導	本時で学んだ内容をもとにしながら,望ましい友達関係の構築のための指導を続けていく。

③本時の略案

目標：いじめといじりの共通点に気づき,からかいや冷やかしではないほんとうの友達関係について考える。

対象：小学校中学年　関連する主な内容項目　2（3）信頼友情

学習活動	教師の働きかけ
1　「いじめ」と「いじり」を比較検討する。	いじめ⇔いじり　① 2つの言葉を比べてみよう。 ・いじめもいじりも，似ているところがあることを確認する。
2　資料「ぼくと田中君」について話し合う。	・資料前半（いじられて嫌な気持ちになっていた「ぼく」を，田中君が止めてくれた場面まで）を話す。 ② この場面をどう思うか。 ・子どもたちの意見を聞いた後，後半（「ぼく」が田中君に「ありがとう」と言う場面まで）を話す。 ③ 「ぼく」が「ありがとう」と言ったとき，田中君は何と答えたか。 ・数名に発表させた後，実際には「えっ，なんで？」と答えたことを伝え，この言葉の意味を考えさせる。 ・田中君とは，田中将大投手であることを伝える。（写真等を準備すると効果的である。）
3　自分の考えをまとめる。	④ 今日の授業で自分が考えたことを書こう。 ・題名をつけて書く。題名には，必ず「いじめ」「いじり」という言葉を入れる。

④授業の実際

「今日は，このことについて勉強します。」
と言って，黒板にやや大きめの文字で【いじ○】と書く。
（1）○の中には，どんな文字（1文字）が入ると思いますか。

子どもたちからは，すぐに，
「いじ『め』，だと思います。」
という発表があった。

「『め』のほかに，入る言葉はないですか。」と聞いたところ，「いじる」「いじり」「いじ悪」という言葉が出された。

ここで，黒板に2つの言葉を対比的に書く。
【いじめ⇔いじり】

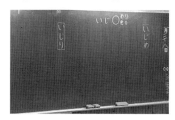

←いじめは赤で，いじりは青で，それぞれ色チョークで囲み，対比をはっきりさせる。

（2）2つの言葉を比べてみましょう。

子どもたちから出された意見を「似ているところ」「違うところ」に分けて板書していく。次のような意見が出された。

〈いじめ〉
・強いものが，弱いものをいじめる。
・絶対にやってはいけないこと。

〈似ているところ〉
○1対何人か（複数）で行われる。
○いやな思いをしていても，なかなか自分では「やめて」と言えない。
○どちらも，やっている人を止めるのがむずかしい。

〈いじり〉
・友達同士で，仲良く遊んでいる。
・いじられる人も，いっしょに楽しんでいる。

子どもたちの発言を整理した後で，
「いじめもいじりも，実は，すごく似ているところがあるのですね。」
と話した。

ここで，資料「ぼくと田中君」の前半の話をする。
「これは，あるお母さんからの手紙に書かれてあった話です。」
と言って，黒板にイラストをかきながら，教師の語りで進めていく。

まずは，資料前半。いじられて嫌な気持ちになっていた「ぼく」を，田中君が止めてくれた場面までを話して，次のように聞いた。

（3）この場面を，みなさんは，どう思いますか。

子どもたちの意見を以下の3つに分けて板書した。

○田中君の行動に対する意見
・勇気をもってとめてくれてえらいと思う。
・田中君は友達思いで優しいと思う。
○ぼくの心情に関する意見
・「ぼく」は，嫌な気持ちできっと泣きたいくらいだったかもしれないから，「よかった，ありがとう」という気持ちだったと思う。
・田中君のような友達がいてよかった。
○学級の「いじり」についての意見
・相手も楽しんでいるんじゃないかなと思ってからかったりすることがあるけど，そうじゃないこともあるから気をつけたほうがいい。
・いじりといじめは，同じなんだなと思った。

　子どもたちが発言を終えたら，資料後半の話をする。「ぼく」が田中君に，「ありがとう」と言う場面までである。
（４）「ぼく」が「ありがとう」と言ったとき，田中君は何と答えたでしょうか。
　挙手をした数名の子に発表させたところ，「友達だから，当たり前だよ」「気にすんなよ」「また遊ぼうね」という発表があった。実際には，田中君は，「えっ，なんで？」と答えている。
（５）田中君は，どうして「えっ，なんで？」と答えたのでしょうか。
　次のような発表があった。
・友達が困っていたのだから，助けてあげるのは当たり前だから。
・「お礼を言われるほどのことでもないよ」という意味だと思う。
　子どもたちの発表を聞いた後，田中君のフルネームを伝えた。
　子どもたちからは，「えっ，あのマー君？」「先生，ほんとうの話ですか？」という驚きの声があがった。
　ここで，準備しておいた田中投手の写真を提示した。
「日本のプロ野球で大活躍して楽天を優勝に導いた田中投手は，いまは，アメリカのニューヨーク・ヤンキースでがんばっていますね。」
と話した。その後，資料（ぼくと田中君）全文を読み聞かせた。
　最後に，ワークシートに感想を書かせた。

（6）今日の授業で自分が考えたことを，題名をつけて書きましょう。題名には，必ず「いじめ」「いじり」という言葉を入れます。
「いじめ」「いじり」，どちらか1つの言葉でもいいことを伝えた。
特に全体での発表は行わずに，自分の考えを書いて授業を終えた。

⑤まとめ

　この授業は，クラスから，「いじめ」につながるような「いじり」をなくすことを目的として実施する。授業実施後には，目に見えた効果が表れるはずである。しかしながら，数日すれば，道徳で学んだことを忘れて，また友達へのからかいや冷やかしを行う子が出てくるかもしれない。でも，そのときは，周りの子が気づき，注意し合えるはずである。それが，成長した学級の一つの姿である。
　道徳が，「特別な教科」になる。教科になることが「格上げ」なのかどうかの議論は別にしても，教科の新メンバーとして仲間入りすることは間違いない。教科の学習では，復習が必要である。例えば，算数の「かけ算」で言えば，九九を暗唱できるようになるためには，家庭での学習が不可欠である。道徳の学習でも，同じことが言えるのではないだろうか。道徳の時間に学習したことは，その後の復習がなければやがて忘れられてしまうこともある。だから，事後の継続した指導が必要なのである。
　子どもが何か悪さをしたときに，「道徳の時間に何を勉強したんだ！」と怒るのではなく，「道徳の時間に勉強したことをもう一度思い出してごらん」と諭してあげる。せっかくの教科化である。「教科なのだから復習が必要なのだ」という発想を，子どもへの指導に生かしてみたい。

⑥文献

・朝日新聞投書欄「声」2014年2月25日，堤田栄子さんの投書「真っすぐな少年は大リーグに」をもとに，授業者が資料を作成した。

⑦教材・ワークシート

資料「ぼくと田中君」
前　半

　うちの息子が，小学生のころ，「おもしろい子」で，クラスの中では，「いじられキャラ」だったようです。友達とも仲良くやっていたし，本人もそれほど嫌がっている様子はありませんでした。でも，ある日の休み時間，教室で友達と遊んでいたときに，悪ふざけやからかいがエスカレートして，息子がもうつらいと思ったことがありました。
　そのとき，家が近くて仲の良い友達（田中君）が，
「もうええやろ，やめたれや。」
と言って，止めてくれたのです。

後　半

　その後，田中君は，
「行こうぜ。」
と言って，息子を教室から連れ出してくれました。
　休み時間が終わったときに，
「さっきは，ありがとう。」
と息子が言うと，田中君は
「えっ？　なんで？」　※この言葉は伏せて読み聞かせる。
と言って笑ったということでした。

　堤田さんの投書は，次の文章で締めくくられている。

　今でも感謝している彼は田中将大君。大リーグ，ヤンキースの投手として一歩を踏み出した。

ワークシート

　本授業で使用したワークシートは，罫線だけを引いた感想記入用の用紙である。道徳用の学習ノートがあれば，代用できる。
　また，学級の実態に応じて，「いじめといじり」を比べるときに，ワークシートに書かせてから話し合いをするやり方も考えられる。

←例
　ワークシートのよいところは，「いま，何をすべきなのか」を児童がはっきりと意識できることである。指示が明確化し，ぶれがなくなる。

　しかし，ワークシートに頼りすぎると，授業が「書いたことの発表」の繰り返しになり，話し合い活動が停滞してしまうこともある。ワークシートを使う意義を生かして，授業で活用していきたい。

児童が書いた「感想」から

題　いじめといじり　「いじりが悪化すると，いじめになる」と考えたこともなかった。いじめは絶対悪いけど，いじりも悪いことなんだとわかった。わたしも，いじめられている人に声をかけたり，いじめている人に注意できるようになりたい。マー君は，優しくて勇気があって，すごいんだと思った。

題　気をつけよう　いじりからいじめ　ぼくは，今日の道徳で，いじりがエスカレートしていじめになってしまうことを学びました。ぼくもときどきいじりをされるときがあるので，気をつけたいです。でも，そんないやな気持ちになったことはないので，大じょうぶだと思います。

第2章 実践編 小学校 2

総合単元的な道徳の授業
―― シティズンシップ教育，IT 教育を踏まえて

植田清宏

目標と方法

道徳の教科化に向けて，英国のシティズンシップ教育を分析し，個人的倫理性と社会的価値観を両立させて課題に対する意思決定をするための教材を開発した。方法として，「トゥールミンモデル」を援用したモラルロジックを考案して，現代社会の課題を教材化し，IT も活用して，道徳的価値を持続的に実践することができる能力である「モラル・コンピテンシー」（筆者が提唱している）を培うことをめざした。

1回目の意見（〜すべきである。）

- フェアトレードを買う
- スペシャルブレンドを買う
- 両方買う
- 他のコーヒーを買う

おすすめポイント

意思決定学習シートを使用し，意思決定の際に，数値をその場で表に書き込み円グラフで提示して，根拠を話し合う。円グラフがあるので，討論

会の雰囲気が高まり，深い理由まで追究することができる。

①授業の概要

これからの道徳教育においては，道徳とシティズンシップ教育との連携を図りながら，政治的リテラシーの育成をめざし，現代の政治的，経済的課題についても，自分の考えをもって学ぶことが大切になる。

コミュニティの活動のための基本的なスキルから，道義的で政治的な観点も踏まえて，コミュニティを担うような能力を身につけ，さらに，国家を超えたグローバルな活動ができるような資質や能力を育成していくために，段階的に学習プロセスを設定していきたい。

筆者が考案した次のような「モラルロジック」を活用して，討論のための意思決定学習シートを使用することによって，政治・経済などに関する能力も高めたい。

モラルロジックの構造図

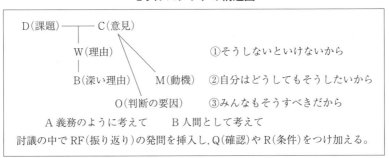

留意する点は意思決定の際の価値観の優劣を判断する際に，個人的な根拠だけではなく，コミュニティの中での人間関係の中で何が大切であるのかを見極めることである。それを３つの動機と２つの判断の要因で示す。

「キーコンピテンシー」は，社会経済の持続可能な発展を維持し，人類の生活水準を向上させるために必要な個人的な能力を意味している。その構成要素の一つに「いろいろな集団の中で，自分なりの個性を生かしながら交流する力」がある。だから，日本人としてのよき個性を生かして国際

交流を推進する力を育てたい。それが,道徳的価値を持続的に実践できる「モラル・コンピテンシー」を培うことになるのである。

②授業計画

総合単元「シティズンシップを学ぼう(国際理解)」	
	(全7時間　本時7／7)高学年
第1次(社会科)(2時間)	日本の工業が貿易を通して世界とどのように結びついているのかを調べ,貿易のしくみを認識し,貿易の不公正などの問題について考える。
第2次(社会科)(1時間)	農業生産国からの輸入の現状について調べる。
第3次(総合学習)(3時間)	フェアトレードの意義と現状を認識する。
第4次(道徳)(1時間)	フェアトレード商品を買うべきかどうかについてコーヒーを教材として討議する。
◆主題名　公正・公平な社会正義を実現しよう！　4-(2) ◆ねらい 　民主主義社会における社会正義の実現のために,グローバルな視点でだれに対しても公正・公平にふるまおうとする態度を養う。	

　第3次において,フェアトレード運動について,具体的なマークやチョコレートやバナナなどの商品を提示することによって,児童にもわかりやすい内容で目的や意義について認識させる。その際,貧困な第三世界の途上国の実情やフェアトレード認証の条件などについても理解させる。

　第4次の道徳学習では,フェアトレードコーヒーを教材として,途上国の生産者の生活向上と公正な取引ということが,実際に保証されているのかについて考えさせたい。その際には,経済的な観点だけからではなく,消費者としてのわかりやすい視点から,社会的有用感をもつことができるようにしたい。

　意思決定学習によって「少し高いけれど,品質が良くて,実際に援助が実感できる」フェアトレードの意義が理解できるような合意形成を図ることによって「社会正義」「公正公平」に関する道徳的価値の自覚を深めることをめざすのである。

③本時の展開

学習過程・学習活動・主な発問	予想される児童の反応 意見・理由・深い理由	指導上の留意点
1　課題状況の把握：資料「フェアトレードコーヒー」から学習課題を把握する。 （プレゼンで資料提示） 2　意思決定Ⅰ：1回目の意思決定をして理由や深い理由を書く。 ◎学習シートに自分の1回目の意見を書き，理由やもっとよく考えた深い理由も書きましょう。 ○なぜ，そう考えたのかとどうしてそう判断したのかを表に書きましょう。 3　討議Ⅰ：1回目の意思決定や動機について交流し討議する。 4　意思決定Ⅱ：2回目の意思決定をして理由や深い理由を書く。 ◎学習シートに2回目の意見と，理由や深い理由を書きましょう。 ○もう1度，なぜ，そう考えたのかを，考えましょう。 ○意見が変わった人は，なぜ変わったのかを考えましょう。 5　討議Ⅱ：フェアトレードのあり方を検討し，公正な貿易について考える。 ◎どんな商品なら，消費者は買うだろうか。 6　まとめ：公正・公平な社会の正義を大切にすることについて話し合う。 ◎社会の一員として何ができるだろうか。	スーパーマーケットに同じ量で840円で発展途上国を支援するフェアトレード・ラベルのついたコーヒー豆と，820円の有名な会社のコーヒー職人が選んだ特選ブレンドコーヒー豆がある。どちらを買うべきか考える。 C_1フェアトレードのほうを買う。 W_1フェアトレードラベルのついた製品を買うと，生産者の生活をよくすることになる。 W_2生産農家にいくら支払われているのかを調べて買う。 W_3貧しい農民の生活の維持のために役立つので，少し高くてもフェアトレード商品を買う。 B_1少しでも運動に協力したいから。 B_2フェアトレードマークは信用できるから。 C_2特選ブレンドのコーヒーを買う。 W_4おいしいほうを買いたいから。 W_5メーカー品だし，味も厳選されているから。 W_6安くて健康によいものを選びたいから。 B_3生産業者から直接に買っているから。 B_4よりおいしいコーヒーのほうがいいから。 ・自由貿易でもWTO（世界貿易機関）があり，公平な貿易をしているのだ。 ・フェアトレードの規約には，フェアトレード団体が守るべききびしい規約があり，それをクリアしなければ認証されないのだ。 ・井戸や病院などを作る資金を援助しているのだ。 ・フェアトレードマークをつける基準を世界的にはっきりさせたい。 ・おいしくて，環境によく，生産者のくらしがよくなるようにする。 ・売る方が，きちんとした説明を書いておく。 ・どちらを買うにしても，市民の一員として，第三世界の人々の援助には積極的に協力する。 ◎世界のみんなが幸せになれるようにしていきたい。	「確認」の例 ほんとうに公正公平になっているのかな。 「条件」の例 きちんとルールが守られているかぎり。 ☆根拠となる資料等を提示する。 ☆意思決定のグラフを示して討議する。  ・お互いの理由や深い理由を聞いて，自分の判断を見直す。 ・意見が変わった場合には，特にその根拠について検討する。 ・責任をもって正義を実現するために，公正・公平の立場から商品を購入することをめざすようにする。

④指導の実際（抜粋）

（意見C，理由W，深い理由Bというように論理学の用語で表現する。）
T 意見や理由を発表しましょう。
C_1 フェアトレードのほうを買う。
　W_1 フェアトレード・ラベルのついた製品を買うのは，生産者の生活をよくすることになるのだと考えたから。
　W_2 貧しい農民の生活のために少しでも寄付したいから。
C_2 特選ブレンドのコーヒーを買う。
　W_3 特選ブレンドのほうがすごくおいしいし，職人が選んだから。
　W_4 有名な会社の商品のほうが信用できるから。
T 深い理由を発表しましょう。
C_1 フェアトレードのほうを買う。
　B_1 フェアトレード・ラベルがついていて信用できるから。
　B_2 日本人として，発展途上国を援助したいから。
C_2 特選ブレンドのコーヒーを買う。
　B_3 有名な会社は信用できるし，商品も品質がいいと思うから。
　B_4 コーヒーを厳選していて，おいしいことが一番だから。
　ここでの議論では，抽象的な表現になっていて，合意形成を図ることはむずかしいので，「深い理由の基盤になる根拠」BBをいくつか提示した。
　BB_1 貿易の種類では，フェアトレードのほかには，自由貿易と保護貿易とがあるのだよ。ふつうの自由貿易でもWTO（世界貿易機関）があり，公平な貿易をしているのだよ。
　BB_2 フェアトレードの規約には，フェアトレード団体が守るべききびしい規約があり，それをクリアしなければ認証されないのだよ。
　このように，やや曖昧になっていた理由を根拠づけるような説明を加えることによって，2つの意見も次のように変わってきた。
$C_1②$ フェアトレードの品質・価格や取引状況を見ても，規約を守ってい

るので，信用できるので，フェアトレードのほうを購入する。
C₂② フェアトレード商品の意義は理解できるが，自由貿易でも信頼できるし，O社の商品が気に入っておいしいから，特選ブレンドのコーヒーを買うが，<u>市民の一員として，第三世界の人々の援助には積極的に協力する。</u>

下線部では合意形成ができたことになり，グローバルな視点をもって市民の一員として公正公平にふるまおうと考えることに至り，ねらいとする道徳的価値に迫れたことになるのである。

⑤まとめ

この取組では，「モラルロジック」を活用し，意思決定学習シートを使用することによって，児童の意思決定の吟味ができて修正を加えることができることと，2回目の意思決定の質が高まり部分的に合意形成が図れる可能性があることを追究した。このほかにも「消費税」「選挙権」「環境保全」「熱帯雨林」などシティズンシップに関する課題についてディスカッションする。そうすることによって，子どもたちが将来，公共生活に影響を及ぼそうとする意思をもち，その能力を有し，またそのスキルを備え，発言したり行動したりすることができる積極的な市民になると考えている。

⑥参考文献

・Toulmin, S.（1958）：*The Use of Argument*, Cambridge University Press, New York,
・Wilson, J.（1990）：*A New Introduction To Moral Education*, Cassell Education Limited, London .
・ドミニク・S・ライチェン，ローラ・H・サルガニク（2006）『キー・コンピテンシー』（国際標準の学力をめざして），立田慶裕訳，明石書店

⑦意思決定形式の道徳学習シート

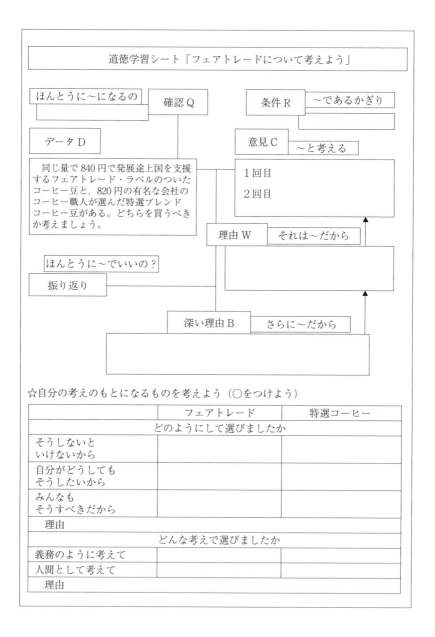

（別形式の資料の紹介）

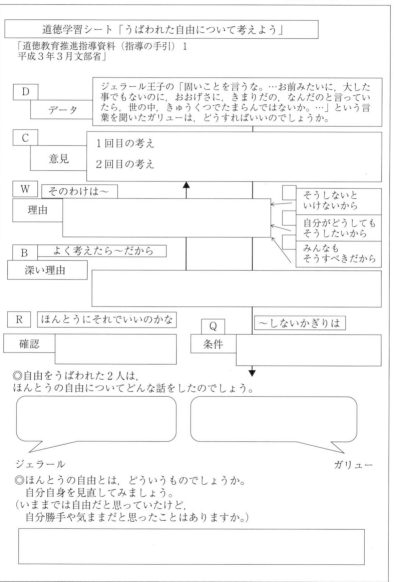

第2章 実践編 小学校 3

発問の工夫と板書の可視化による道徳授業
―― 「ぼくのたからもの」（光文書院 豊かな心）を使った実践より

加藤宣行

目標と方法

　道徳が教科になるということは，これまで以上に「何を学んだのか」という，毎時間のねらい設定と手立てを明らかにしなければならないということである。だからこそ，その学びを獲得する過程を子どもたち自身に委ねたい。道徳的価値観の獲得は，教師の押しつけであってはいけないし，子どもたちに丸投げであってもいけない。

おすすめポイント

◎黒板を子どもたちの思考を促進させるステージにする。
・学習課題（テーマ）を図式化（可視化）して提示する。
・板書に子どもたちを参加させる。
・横書き板書にし，矢印のベクトルを効果的に使う。

①資料について

資料名：「ぼくのたからもの」
内容項目：[節度・節制]自分でできることは自分でやり，安全に気をつけ，よく考えて行動し，節度ある生活をすること。
対象学年：3年生
あらすじ

　ひろしのたからものは，ボロボロの昆虫図鑑である。これはおじいちゃんが昆虫好きのぼくのために買ってくれたもので，ファーブルのような昆虫博士になりたいというひろしの夢のつまった図鑑。どんなにボロボロになっても大切なたからもの。

本時のポイント

◎黒板を子どもたちの思考を促進させるステージにする

（1）学習課題（テーマ）を図式化（可視化）して提示する

　まずは，メインテーマを決める。今回は，「どういうものがたからものになるのか」とした。次に，それを具体的に考えるために，2つの図を黒板に描き，対比させることで考えさせた。それが「ボロボロの本」と「ピカピカの本」である。どちらを選ぶかと聞かれたら，同じ本ならばピカピカの本と言うであろう。では「ぼく」はどうか。ボロボロの本のほうを選ぶであろう，なぜか。それが学習課題である。

（2）板書に子どもたちを参加させる

　他教科では当たり前のことが，なぜ道徳の授業では行われないのであろう。子どもたちは板書に参加しながらさまざまな観点に気づいていく。

（3）横書き板書にし，矢印のベクトルを効果的に使う

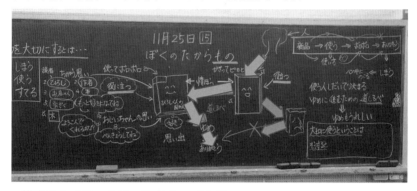

横書きのメリットは，次の3つである。
・行為行動とそれを生む心はセットで考える必要がある。そのような構造的な道徳的価値の把握に適している。
・教師や子どもたちが矢印や図などを描きやすい。
・視覚的に比較し，価値観の変容をとらえやすい。

②授業計画

　授業に際しては，同じ内容項目を異なる資料を使って2週連続で行った。同じ観点で2時間行うということは，その間の1週間を試行期間とすることができるということである。つまり，第1次で考えたり気づいたりしたことをもとに，翌週の授業までに実生活で試行錯誤できるということである。第2次はその実体験ももとにして考えることができるので，より深いところまで思考が及ぶことであろう。それを期待しての2時間構成である。もちろん，何も手立てを打たずにいては2時間連続で行う効果は薄くなってしまう。第1次で物に対する考え方や問題意識を喚起させ，その意識の継続を図ることが必要である。そのような観点を与えたうえで授業を行うことがポイントである。

第1次 「えんぴつはなんさい」文渓堂
　子どもたちは，鉛筆が木の原料からできあがるまでの歴史を学ぶことで，

物の価値について,いままでにない観点をもって見るようになった。

第2次(本時)
「ぼくのたからもの」光文書院

　第1次で物に対する見方を広げ,その観点で日常生活の物を見て考えてきたうえでの本時である。当然のことながら,それらの学習活動を踏まえた気づき,思考の深まりを意図して行った。

③本時の授業

主題名:物を「宝物」に
ねらい
○物の値打ちを知り,大切に使おうとする。
・物にはさまざまな想いが込められていることに気づき,感動する。
・物を使う人の想いで,物は本来の役割を十分に発揮することがわかる。
・物の役割を考えたうえで,上手に使おうという意欲をもつ。

資料の概要と活用のポイント
・ボロボロの図鑑とピカピカの図鑑の比較を通して,物のよさについて気づき,感動させる。
・「物の使い方」について,一般的な「答え」ではなく,実感を伴う「言葉」をもたせる。

展開の大要

○学習活動　・主な反応	・指導の方法
○たからもののイメージをもつ。 ・いのち,プレゼントにもらった物 ・たからものになる物とならない物のちがいはなんだろう。	・具体的な例示をしたり,問い返しをしたりして,自分の考えを明らかにさせたり,疑問をもたせたりする。
ひろしにとって,なぜこの昆虫図鑑は宝物なのかを考える	

・役に立つ情報がたくさん入っているから。 ・人の思いが入っているから。 ・夢の詰まった図鑑だから。	・子どもたちの言葉を整理しながら，機能性，携わる人々の思い，素材，使い込んだ物の有用性等に分類して考えさせる。
どのように使うことが物を大切にすることなのかを考える	
・その物の役割を十分に生かす。 ・使い込んで愛着をもつ。 ・物が作られた意味や，買ってくれた人の思いを感じながら使う。	・本時の学習で得た言葉を使ってまとめさせる。 ・足りない部分は指導者が補足しながら子どもたちの言葉を意味づけする。

授業の実際

導入 考える方向性と資料を読む観点をもたせる。授業の方向性を押さえるうえでも重要な時間である。

T 大切にしているものはありますか。

C サッカーボール・お財布・命・思い出の品。

T では，今日のお話を通して，宝物って何かな，思い出の品がなぜ宝物になるのかな，そういうことを考えながら読んでください。

〈資料「ぼくのたからもの」を読む〉

展開

T この昆虫図鑑。ひろしくんのです。どうして宝物なのかな。

C 宝物だから。

※この発言は典型的な表面的なとらえ方である。ここからの意識の変容を図る。

C おじいちゃんにもらった大切なものだからです。

C この本をもらったおかげで，ファーブルのような昆虫博士になりたいと思ったから。夢をもらった本だから。

T でも，いくらたからものでも使っているうちにボロボロになってしまいました。ここに同じ昆虫図鑑の新品があります。

※ここで，古い図鑑と新しい図鑑の絵を描き，比較させる。

T 自分の立場だったらどっちがいい？ こっち（新品）？ こっち（古いほう）？ 新品のほうがいいよね。

第2章 実践編 小学校 3 発問の工夫と板書の可視化による道徳授業

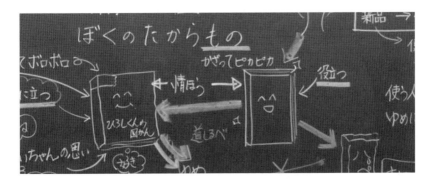

※これだけで子どもたちはざわざわし始める。「新品が欲しい」気持ちと「古い物を大切にしたい」心が闘い始めるのである。
C ボロボロのほうは、おじいちゃんにプレゼントしてもらって、それを持っていると、おじいちゃんと一緒にいる気持ちになるから、思い出の品だし、新品にしちゃったら、おじいちゃんと一緒の気持ちになるものと違うから。
C ボロボロのほうは、おじいちゃんの気持ちが入っている。
T なるほど、大事に飾っておいて長い間新品のままにしておくのと、いっぱい使ってボロボロになっちゃうのと、どっちが大切に使ってることになるの。
C いっぱい使ってボロボロになったほうが、大切に使っている。
T いまみなさんは、おじいちゃんの気持ちが入っていて歴史があると言ったけれど、この本からほかにどんな人の気持ちや歴史がみえるかな。
※この問いかけは、資料に書いていないものを見つけ出させるための発問である。「人の想い」と「歴史」という観点を与えたうえで考えさせることで、子どもたちは次々に物の価値観を深めていく。
C 作者。みんなにいっぱい読んでもらいたいという気持ち。
C 本屋の店員さん。
C 使っていくうちに、手になじんでくる。
T なるほど、使いやすくなっていくのですね。どこに何が書いてあるかとか、このページはあの虫を見つけたときに折ったとか、歴史が刻まれ

ていく。
C　ぼくは自分の筆箱を見て思ったことなんですけど，これお母さんが，僕がサッカーが好きで，それでこの筆箱なら楽しく勉強できるだろうなって，高いけど買ってくれた。これは3年間使ってて，良かったなって。
C　この眼鏡を，おばあちゃんがいるところで買ったんだけど，お母さんが，一緒に行ってくれたっていう思い出があります。
※本質を押さえていくと，子どもたちは自然に自分自身のことを考え始める。

|終末|
T　今日の勉強でわかったことや気がついたことを言ってください。
C　自分の大切なものは，ボロボロになってもまだ，大切にしたい。
C　物にはいろいろな歴史がある。
C　普段何気なく使っている物でも，ほんとは深い思い出があることがわかった。
C　これからのことなんですけど，これからも図鑑とかいろいろな物を読んだり調べたりして大切にしたい。
C　物にはいろいろな人の思いがあるから，大切にしたいなと思った。
C　一つ一つの物には，作ってくれた人とかの思いが込められてる。
T　そうだね，この黒板もそうだね。いろんな思いが込められて作られてるよね。一生懸命書いた黒板だもんね。黒板もきっと喜んでるよ。物を宝物にできるのはあなた方です。自分の物を大事にできるのもあなた方です。きっと物も自分も喜んでくれるような使い方をすると，またこれから物がいろいろと，あなた方のために役に立ってくれると思います。そういう使い方ができたらいいですね。終わります。

子どもの反応──道徳ノートの活用

　道徳の授業には，道徳ノートを使っている。子どもたちは授業で学んだこと，考えたことを整理してまとめる。これが授業後の日常生活や次の授業への「つなぎ」となり，学習はよりいっそう深まる。

物を大切に使い，大事にすると，本もうれしい，紙もうれしい，木もうれしい，地球もうれしいというふうに，物を大切にするだけでみんながうれしい。物を大切にするということは，物と向き合うということ。そうすると，物の気持ちになれる。誰もが喜ぶということ。そうすると，もっと勉強したくなる。いろいろな人の思いがつまっているということ。ずっと使っていると，心の中に残って，死ぬまで思いは忘れない。
　　　　　　　　　　　　　　　　　　　（3年男子道徳ノートより）

可視化のメリット

　同じ学習スタイルで複数の学級に授業をしてきたが，発問の工夫とそれに伴う板書の可視化はどの子どもにも伝わりやすい，考えやすい手法であるという手応えを感じている。これは学年が違っても同じである。

　以前，海外の教育関係者が視察に来られたときもこの授業を行った。対象は本校児童であるから，授業は日本語だが，片言の英語を交えながら図を使って授業をした。その板書が下の写真である。

　参観された方々から，予想以上に共感する反応があった。「これが教育の基本ですね」というような言葉も頂戴した。言語が通じなくても考えやすい。国が違っても大切にしたい価値観は同じである。発問の可視化・板書の図式化は世界の壁を越える，グローバルスタンダードになると感じた。

第2章 実践編 小学校 4

自己の生き方をつくりだす道徳授業に生かす「1・3プログラム」

竹井秀文

目標と方法

　いよいよ道徳の時間が「特別の教科」となる。これは，いじめ問題等の人間関係が構築できない子どもたちの姿が起因している。子どもたちが，よりよく生きようとする自分づくりをすることで，より豊かな人間関係を構築できるコンピテンシーの育成を図ることが急務である。そこで，より豊かな人間関係を構築することに重点を置き，自己の生き方をつくりだすことの喜びを実感させる新しい道徳授業を提案したい。方法としては，1主題を3時間連続で考える授業プログラムを構想し，発問・板書・道徳ノートの3つの工夫を具体的な手立てとしたい。

おすすめポイント

・よりよい自分の生き方を考えるため，自己肯定感を高めることができる。
・人間関係が良好になることによって，よりよい学級経営が運営できる。
・保護者など家庭教育と連携でき，日常生活における成長が期待できる。

①授業の概要

 1主題を3時間連続で考える授業プログラム（以下，1・3プログラム）を構想し，一人一人が，よりよい生き方を求めていこうとする自己の生き方をつくりだすことを実感できれば，より豊かな人間関係を構築できるコンピテンシーを育むことができると考えた。本時の授業は，いじめをなくすには，自分の中に正義を貫こうとする強い心があり，日常生活において，公正で公平な生き方が大切であることを実感することをねらいとした。

②授業計画

 下の図のように，1・3プログラムを構想した。1時間目は，主題について考える時間。2時間目は，主題について多様な考えを交流し，自分の考えを拡充させる時間。3時間目は，主題について自分の考えを確立し，自己の生き方をつくりだす時間とした。

1・3プログラム構想図

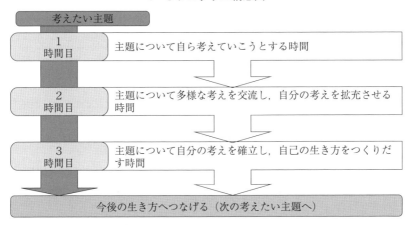

 本時は，授業計画「いじめを考える」を構想し，2時間目とした。

第4学年「いじめを考える」1・3プログラム

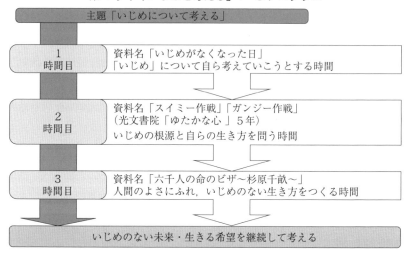

③ 本時の略案

主な学習活動	指導の方法・発問	コンピテンシーの育成 (より豊かな人間関係の構築)
1 「いじめ」について考える。 2 資料「スイミー作戦」「ガンジー作戦」を読んで、「正義」について話し合う。	・いじめは、どうして起きるのか要因や原因を考えさせる。 ・「いじめを防ぐ」という観点をもって資料を読ませる。 ・資料前半を読み、いじめの原因を考えさせる。 〈発問〉憲二君と良夫君が、いやなあだなをじっとがまんしていたとき、どんな気持ちだったのだろう。 ・資料後半を読み、2つの作戦のよさを考えさせ、その理由を発表させる。 〈発問〉2つの作戦のよいところは、どこだろうか。	・「考えよう、考えたい」と意欲をもたせ学びの当事者意識を高めたい。 ・授業は全員参加を基本として考え、1人でも多くの子が発言できるよう声かけや指名をしたい。 ・むずかしいテーマなので、ペアで話し合いをさせ、仲間とかかわって学ぶことを大切にしたい。

・自分なりの「〇〇作戦」を考え，話し合う。 3 「正義」とは何かを考える。	・自分なりの「〇〇作戦」を考え，道徳ノートに書き，そのよさについて話し合わせる。 ・「正義」についての自分の考えを道徳ノートにまとめる。 ・まとめたものを発表させる。	・〇〇作戦については，グループでの話し合いをさせて，より具体的な作戦内容を考えさせたい。 ・時間があれば，全員に発表してもらうかスクランブル交流をさせ，認め合いながら，仲間とかかわって学び合えたことを感じ取らせたい。

④指導の実際

　本時は，「スイミー作戦」「ガンジー作戦」（光文書院5年）の資料を使って，いじめをなくすには，自分の中に正義を貫こうとする強い心があることを学ぶことにした。また，日常生活において，公正で公平な生き方が大切であることを実感できるように以下のようなねらいを設定した。

◎誰に対しても差別することや偏見をもつことなく公正・公平に接しようとする気持ちをもつ。
　＊「あだ名」が人によっては，いやな気持ちになることに気づく。
　＊「いやなことは相手に伝える」ことが大切だとわかる。
　＊「いじめ」をなくすにはどうしたらよいかを考えることを通して，差別したり偏見をもったりせずに友達と接しようとする。

授業記録
T　いじめについて考えるのは2時間目です。いじめはあってよいですか。
C　ぜったいだめ。
T　そうだよね。でも，どうしてなくならないのだろう……。
C　うーん。
T　むずかしいね。となりの人と話し合ってみましょう。
C　（数分後）友達なのに，目線がちがうと思います。下に見ている。

C 友達同士で考え方がちがうことが原因になると思う。
C １人の子をみんなでいじめることが楽しさになっている。
T 間違った楽しさだね。ではどうすればいいだろうね。
C はやめにいじめの芽をつむ。
C いじめの芽をつんで，いじめに負けないようにしたいけどどうすれば？
T 資料を読んで，どうしたらいじめの芽がつめるかもっと考えてみよう。
T ２つの作戦のよいところをグループで話し合ってみましょう。

スイミー作戦	ガンジー作戦
・みんなで助け合い協力する。 ・自分から仲間をつくる。 ・団結やめて作戦	・暴力をせず，思いを声で伝える。 ・積極的に勇気を出す。 ・勇気を出して伝える作戦

　話し合った結果，上表のように意見がまとまった。さらに，学級にいじめがあったとしたら，どんな作戦でいじめの芽をつむのかを話し合わせた。いろいろな作戦があったが，ここでは３つの作戦を紹介したい。

①友達作戦…話しやすい友達に相談し，その子の友達にも協力してもらい，友達の輪をどんどん広げていく。
②桃太郎作戦…みんなにいじめがあることを知らせて，呼びかけて，仲間をどんどん増やしていく。
③勇気アップ作戦…いじめがあることや止めることを勇気を出して，呼びかけたり，姿に出したりする。

　たくさんの作戦がでたところで，どの作戦にも必要な力が必要なのかを考えさせる。さらに，自分の心に何が必要なのかを考えさせる。
C どの作戦も勇気アップ作戦のように勇気がないと無理だと思う。
C 正しいと思うことを勇気にかえて姿につなげて，いじめの芽をつむ。
C 正しいことを姿につなげるには，助けようというやさしさが必要だ。
C やさしさだけではなく，いじめを止める強さもいる。強力な協力。
C どんな人も平等という目線で強さとやさしさをもって正しく生きる。

C　正義のヒーローみたいだ。かっこいい自分になれると思う。
C　正義をつらぬくことが，ほんとうに困っている人を助ける。
T　正義か……みんな，正義とは何か。□□の中に言葉を入れて考えてみて。

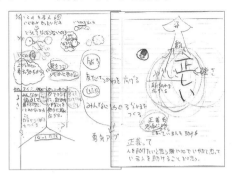

※以下，言葉と道徳ノートを紹介して，実践のまとめとする。

・正義って，人を助けられるし，自分と人を平等に思えること。
・正義って，誰であっても思いやりをもち，やさしい力で助け合うこと。
・正義って，どんなことにも負けない心のみかた。ほんとうのヒーロー。
・正義って，強い心をもって，人を助けるヒーロー。
・正義って，人を助けたいと思う強い心でいやだと思っている人を助けることだと思う。

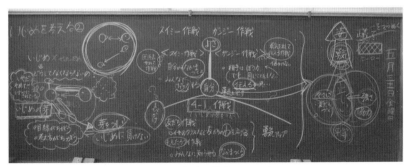

本時の板書

⑤まとめ

子どもたちの感想
・人を差別したりしないで平等に思える心が大切。
・いじめをなくすには「強さ・やさしさ」が必要。
・みんなが平等に思い,助け合って協力するといじめの芽がつめる。
・人と人が通じ合うことがいちばん大切。
・強い心をもち,これからの未来を1歩1歩歩んでいく。
・みんなを思い,人間として大切・大事なことを思う心。
・同じ目線で平等にする。そのためにきれいな心で,やさしく広い心をもつことが大切。

成果と今後の展望
・3時間連続で「いじめ」について深く考えることができた。
・「いじめがなくならない」という問題を大人も真剣に考えていることを知った。切実な問題であることを知り,主体的に考えることができた。
・自分の心のもちようが大切であり,なかま(友)が大切であることが痛感できた。友達への言葉づかいなど普段の生活につなぐことができた。
・子どもたちの未来を考えるという視点から,保護者も一緒に授業に参加する授業づくりをしたい。(授業参観ではなく授業参加)

⑥文献

・文部科学省『小学校学習指導要領——道徳編』
・文部科学省『今後の道徳教育の改善・充実方策について(報告)』道徳教育の充実に関する懇談会
・柳沼良太『問題解決型の道徳授業』明治図書,2006年
・加藤宣行『道徳授業を変える 教師の発問力』東洋館出版,2012年
・坂本昇一編『「いじめ」指導のテキスト教材の開発』明治図書,1996年

・武田さち子『子どもとまなぶいじめ・暴力克服プログラム』合同出版，2012年

⑦教材

・「スイミー作戦」「ガンジー作戦」『ゆたかな心――新しい道徳　5年』光文書院

ワークシート

いじめを考える	
年　組　名前 _____	
○いじめはいけないことなのに，どうしてなくならないのだろう。	
○それぞれの作戦のよいところをみつけてみましょう。	
スイミー作戦	ガンジー作戦
○もしもいじめがあったら，どんな作戦をたてますか？	

第2章 実践編 小学校 5

思いどおりにならなくてもあきらめないセカンドチャンスを求める気持ちを育てる道徳授業

村田正実

目標と方法

　思いどおりの人生など，まずありえない。それは誰もが納得する，当たり前の事実である。これは日常生活からだけでも頻繁にみられることである。

　本主題では，そのような思いどおりにならないときに迫られる「セカンドチャンス」に焦点を当てて活動する。セカンドチャンスとは「思いどおりにならなかったときに自分の心の中で整理をつけて選択し直す」ことである。現実としっかり向き合い，心を調整し，次の選択を前向きにとらえ直すこともまた大切であると，さまざまな価値から実感してほしい。

おすすめポイント

- 「セカンドチャンス」という，価値を超えた柱で活動を行う。
- さまざまな価値から「セカンドチャンス」の考え方を考えていく。
- ウェビングや役割演技を通して，体験的に価値を実感していく。

①授業の概要

　本主題では，思いどおりにならないことに直面したときに迫られるセカ

ンドチャンス（自分の心の中で折り合いをつけながら選択する次の選択）に焦点を当て活動する。思いどおりの人生などない。それは6年生も同じである。

　しかし，この時期の児童は自分の考え方をとらえ直そうという選択が苦手であるように感じる。つまり，自己の折り合いをつける心が育っていないのである。自己の折り合いをつける方法として最も考えるべき価値は，個性伸長である。自分の長所と短所から自身を見つめ直すことで，新しい道を切り開くことができると考えるからである。その際，それに伴って必要となるのが勤勉努力や創意工夫，友情，家族愛等の価値である。よりよく生きていこうとするためには，自分自身が他者や社会とどのようにかかわっていくかを熟慮し行動していく必要があるからである。本主題を通して，これまでなかなか次の選択ができなかった児童が，心の中で自分自身と折り合いをつけ，前向きによりよく生きようとする心を育てたい。

　第1時で児童は，思いどおりにならないいくつかの出来事についてどう対処していくかを考えていく。これはセカンドチャンスを意識して判断する初めての体験となる。その考えをもとに第2時では，車いすバスケットの選手で元Jリーガーの京谷選手の半生を追う。その姿に児童は，彼の決して負けない勇気と，支える家族の愛の強さを実感し，さまざまな側面からセカンドチャンスの必要性を実感していく。そして第3時では，両親のセカンドチャンスにふれる。最も身近な大人でさえ，つまずきながら大切な家族のため，よりよい暮らしのために「次の選択」をする。多くの「選択」を知り，児童は自らの道徳的価値を用いながら主体的にセカンドチャンスについて考えを深めていく。そして，その意義に気づき，次第に関心は高まっていく。

　本時では，初めて自分の問題に対し，セカンドチャンスを用いて考える。自分以外のセカンドチャンスを考えてきた児童は，ここで立ち止まる。ここで，自分の考えを何度も修正して整理させる。さらに，他者とよりよい解決の方法を話し合いを通して考え合っていく。

　活動を終えた児童はセカンドチャンスの意義をより深く実感し，自分が

導き出した考えを積極的に活用しようとする心が育つだろう。

②授業計画

時	主題	中心価値	活動内容
1	うまくいかないこともある	個性伸長	映像資料「ザ・ノンフィクション」(フジテレビ)より，アイドル志望女子の努力と挫折からセカンドチャンスについてウェビングを行いながら考えていく。
2	挫折から栄光へ	不撓不屈	車いすバスケの京谷選手の半生を通して栄光と挫折から自分で立ち上がることの大切さにふれ，「どうしようもないことには何か違うことを考えていくべき」という考えを見出す。
3	大人だって悩むんだ	家族愛	両親の失敗や挫折に関する手記にふれ，両親でさえつまずきながらも，家族のため，日々の生活のために「次の選択」をすることを実感する。
4	うまくいかないから人生だ	個性伸長（本時）	「友達とのつき合い方」という身近な事象から，セカンドチャンスの考えについて自分なりにとらえ活用していこうとする考えをもつ。

③本時の略案

資料「こういち君の悩み」

「こうちゃん」には，小学校1年生から超仲のいい「きよしくん」という友達がいた。あだ名は「きよっち」。
　5年生になって，クラス替えがあった。「こうちゃん」と「きよっち」はラッキーなことに同じクラスになった。
　ところが，問題は5月に起きた。
　「きよっち」は，運動会で同じ応援団係になった「ともひろくん」と新しい友達になった。放課後帰るときも応援団の練習の後なので「きよっち」は「ともひろくん」と帰る。昼休みの遊びも最近はその2人だ。こうちゃんには2人はとても楽しそうに見える。
　別にいやなことをされているわけではないけど，友達がとられるようで，こうちゃんは，少しさみしかった。
　こんなとき，どうしたらいいのかな。

児童の活動	指導の方法	期待される児童の変化（評価）
○本時の課題を把握する。	○ゆっくり読み聞かせし，内容を把握させる。 ・1人で寂しいという気持ち，よくわかるな。 ・これまでの考え方が使えるかな。	○現実の出来事に近いことに気づいている。
○個々でウェビングを行う。	○付箋で自己の考えをより簡単に数多く出せるよう，適時児童の意見を板書していく。 ・仲のいい友達と遊べないのは嫌だな。 ・他の友達と遊ぶのもいいかもしれないな。	○本時の課題について自分なりの意見を整理しようとしている。
◎グループでウェビングを行う。	◎話し合う際に，大まかなカテゴリに分けると良いことを伝え，支援していく。 ・新しく友達を作るカテゴリや，自分もそのグループに入れてもらうカテゴリなどがあるな。 ・グループでウェビングをすると，いろいろな考えが出てくるから考えが広がるな。	○話し合いを通し，1つの問題に対してさまざまな選択肢があることに気づいている。
○グループごとに発表する。	○成果を簡潔に表せるよう，ウェビングを用いて発表させる。 ・はじめはどうしようと思ったけど，みんなの考えを聞いて，少し答えが見えてきたと思う。 ・グループによって考え方が全然違って面白いな。	○お互いの発表を通して，より多くの考えがあることに気づいている。
○つれづれノートから自分の過去の言動を見直す。	○自分の過去の言動に対し，セカンドチャンスを使う場があったかどうかノートを用いて見直すことを示唆する。 ・このことは，新しい選択でなんとかなりそうだ。 ・これまで思いどおりにならないと落ち込んでいたけど，前向きに考えていくことは必要かもしれないな。	評 自分のことを前向きにとらえ直そうとしているか。 （ワークシート・感想）

※1モジュール（20分）を2つで1時としているので40分の内容です。

④指導の実際

第1時「うまくいかないこともある（個性伸長）」

まず初めに，「アイドル志望の女の子が思い届かずに悩む」という番組を視聴し，この思いを自分ではどう考えるかをウェビングに表した。

その後グループでの話し合いを行い,さまざまな考えを交えながら,自分のウェビングに考えを付箋で追加・修正していく活動をし,発表した。

第2時「挫折から栄光へ(不撓不屈・家族愛)」

第2時では,車いすバスケの選手で元Jリーガーの京谷選手の半生を追った。栄光と挫折の中で,家族の愛にふれ自分で立ち上がることの大切さに気づいていく京谷選手の姿。この資料と向き合い,そこから感じる思いをていねいにまとめる作業を行った。まとめた考えを発表する中で,「どうしようもないことには何か違うことを考えていくべき」という意見がクラス全体の共通意見として出された。前時の映像とつながる考えについても多く出された。「次の選択」というキーワードが児童からも出され,この考えを「セカンドチャンス」と名づけることとした。

第3時「大人だって悩むんだ(創意進取・家族愛)」

第3時では,両親の失敗や挫折に関する手記にふれた。最も身近な大人でさえ,つまずきながらも家族のため,日々の生活のために「次の選択」をする。その多くの選択を知り,児童はより身近なセカンドチャンスについて考えを深める姿が見られた。

第4時「うまくいかないから人生だ(個性伸長)」

第4時で初めて自分自身に迫る問題に対して,セカンドチャンスを用いて考えていく。自分以外のセカンドチャンスを考えてきた児童は少し考えが止まった。ここで,考えを何度も修正して整理した。さらに,他者とよりよい解決の方法,心の調整を見出そうと話し合った。その後,自分の考えを整理しまとめた。

⑤まとめ

まず,今回の授業の全体像は右頁の図のとおりである。「セカンドチャ

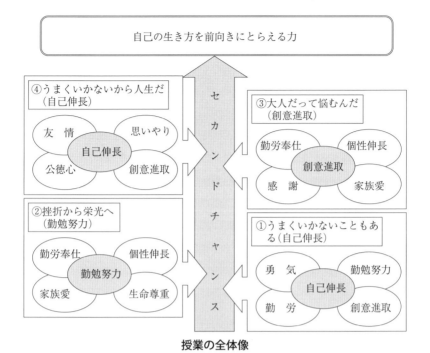

授業の全体像

ンス」という考え方を，さまざまな資料，さまざまな活動から考えてきた。これによって児童は何に気づき，何を深めただろうか。

　P.118の図は，それぞれの時間にどのような気づき，考えが出されたか一覧にしたものである。児童は活動から，さまざまな価値で考えようとしていた。また他者とのかかわりの中で，セカンドチャンスの考えを基準として，それらの価値を統合したり深めたりするという流れを全体で構築しようとしていた。さらにその考えは次時の主題を考えるための手段として利用する姿も見られた。さまざまな価値にふれながら，セカンドチャンスの意義について自分の内面から把握しようとする姿が多くの児童で見られた。活動全体から本学級の児童に見られていた「自分の欲求に対してこだわりをもちすぎる」という弱点に対して，「欲求に対して異なる見方を模索しようとする」という新たな価値が生まれ始めている様子を本活動で見ることができた。

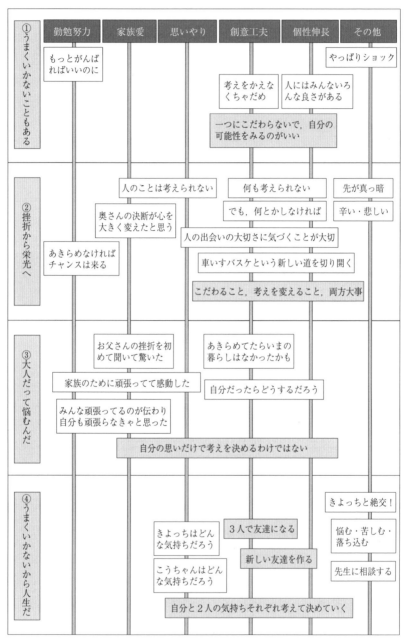

時間ごとに出された児童の気づき・考え

⑥文献

・平澤芳明『いつの日か……挑戦するアスリートたちの物語』北海道新聞社，2010年

⑦教材・ワークシート

	みんな，むかしは「落ちこぼれ」
エジソンの写真	**トーマス・エジソン（Thomas Edison）** **発明王の異名をもつ発明家** 彼は小学校教師に「学習する知能がなさすぎる」と言われ，仕事は2度「生産性がなさすぎる」と解雇され，電球の発明に1000度の失敗があった。後に記者に「1000回失敗したという気持ちはどういうものですか」と尋ねられ，「1000度の失敗をしたわけではない，1000のステップを経て電球が発明されたのだ」と答えた。
ジョーダンの写真	**マイケル・ジョーダン（Michael Jordan）** **バスケットボール史上最高のプレーヤー** ジョーダンは高校のときにバスケットボールのチームから外された。彼はその後「人生において何度も何度も失敗した。だから成功した」と伝えている。
ディズニーの写真	**ウォルト・ディズニー（Walt Disney）** **ディズニーアニメの生みの親** ディズニーは新聞社で編集長から解雇を告げられ，その理由は「彼は想像力に欠け，よい発想はまったくなかった」と言われた。ディズニーランドを建てる前に何度も破産し，テーマパークもアナハイム市から，どうでもいい連中しか寄せつけないと，建設を拒否された。

第2章 実践編 小学校 6

「問題解決学習」における「多角的な思考の流れ」を可視化した授業
―― フローチャートによる板書とワークシートの工夫

森 美香

目標と方法

　道徳の時間に問題解決的な学習の指導方法を取り入れることで、児童が道徳的問題について自分の経験と結びつけたり、「もし自分だったら」と自分のこととして考えたりすることで、解決方法を模索するようになるだろう。具体的な場面での問題解決について、多角的にとらえ思考を深めれば、道徳的判断力や道徳的実践意欲と態度を育むことができると考える。

問題解決の過程では、児童がワークシートで個々に問題解決策を考えた。その後、全体で共通理解し、板書で児童の考えを整理する。

問題解決策の吟味では、役割演技を取り入れた。児童が考えた解決策を疑似体験し、実際に行動するむずかしさと重要性を感じることができた。

おすすめポイント

・児童が資料における道徳的問題を発見し把握することで、主体的に問題解決に取り組むことができる。
・問題解決の流れがわかるワークシートを活用し、個々に考える。
・児童の考えを板書に整理し、問題解決の思考過程を可視化する。

①授業の概要

　資料は短く，学校の水飲み場が汚れていたので使わずに戻ろうとしたけれど，友達が来て片づけたという内容である。場面設定が児童の日常生活からイメージしやすく，問題発見や問題把握もスムーズにできた。児童は，これまでに道徳の授業において問題解決的な学習を3回経験している。個人での問題解決にも慣れてきたので，ワークシートの枠線を減らし，いままでよりも自由度の高いワークシートを作成し活用したことで，たくさんの解決策を考えることができた。解決策の吟味では，具体的な行動を考えられるように役割演技を取り入れた。状況把握をていねいに行うことで，水道のごみを片づけたほうがよいことはわかるが，汚いものを触りたくない気持ちもあり，なかなか片づけられず，それでも次の人のことを考え片づけることのよさを実感できる役割演技となった。その後，学んだことを生活に生かせるように似たような場面設定でシミュレーションを行い，学習を振り返り，まとめとした。

> **問題解決を行う学習の流れ**
> ①　資料への導入
> ②　資料を途中で切って活用
> ③　児童による問題場面の発見と道徳的問題の把握
> ④　問題解決（個人→全体）
> ⑤　問題解決策の吟味
> 　　（シミュレーションや役割演技を取り入れる）
> ⑥　振り返り

②授業計画

事前	学活	後期の係活動をどのように進めていくかを話し合う。
本時	道徳	みんなで使う物　　4－(1)
事後	常時活動	係活動や当番，清掃等においての取組を確認する。

③本時の略案

主題名：みんなで使う物　4－（1）
資料名：「水飲み場」（『3年生のどうとく』文渓堂）
ねらい：みんなで使う物を大切にしようとする心情と進んでみんなのために役立とうとする態度を育てる。

	学習活動	指導上の留意点
導入	1　みんなで使う場所について話し合う。 ○みんなで使う場所にはどんなところがありますか。 ・トイレが汚いときがあった。使いたくなかった。 ・図書室で読みたい本が折れていてがっかりする。 2　資料の内容を知る。 ○今日の話では，水飲み場で2人の3年生が登場します。2人の行動や気持ちを考えながら聞きましょう。	○みんなで使う場所や，どのように使われているか，どんな気持ちかを問い，現状に気づけるようにする。 ○主要な登場人物を知り，資料を見る視点をもつことができるように助言する。
展開（前半）	3　資料の途中まで（ひろ子が，「いつも水道が詰まっている。」と話すところまで）を読んで，話し合う。 ①　資料の中の道徳的問題場面を明らかにする。 ○ここで困ったことはなんですか。 ・水飲み場が汚れていたのを見た2人は，どうするのか。 ②　資料の問題について解決策を考える。WSに記入。 ◎水飲み場が汚れているのを見た2人は，この後どうするでしょうか。その理由と結果も考えましょう。 i 行動：二人とも片づけない。そのままどこかに行く。理由：汚いところを触りたくないから。結果：汚れずに済む。水飲み場は汚れたままで，次の人が困る。 ii 行動：水飲み場が汚れていると先生に言う。理由：先生に言えば何とかなる。片づけてくれるかもしれない。結果：みんなが片づけを手伝ってくれる。また同じことが起きるかもしれない。汚した人が叱られる。 iii 行動：2人で一緒に片づける。理由：2人で片づければ早いから。汚いままは嫌だから。次の人	○自分なりの解決策を考えられるように資料の結末を出さずに途中までを活用して，提示する。 ○資料の場面絵やキーワードを掲示し，内容を把握しやすいようにする。 ○自分が2人だったらどうするかを考えるように促す。 ○ワークシートに考えを書けない児童には立場を替えて考えられるような発問をするなどの個別支援を行う。 ○さまざまな解決策を板書で整理し，児童が多角的に考えられるようにする。

	が困るから。結果：きれいになってすっきりする。次の人も気持ちよく使える。	
展開（後半）	4　解決策について吟味し，追究する。 ①　どのように行動するのがよいかグループで話し合う。 　○どうすることがよいのでしょうか。みんなが考えた解決策を役割演技を行い，ほんとうに解決できるか考えましょう。 　　役割演技ⅰ　片づけないでそのまま行く。 　　役割演技ⅱ　みんなや係りの人に声をかけて，一緒に片づける。 　　役割演技ⅲ　二人で片づける。 ②　日常生活に置き換えて考える。（シミュレーション） 　○みんなで使う物や場所について何か困ったことはありませんか。そのときみなさんはどうしますか。理由も考えましょう。 　　ⅰ掃除ロッカーを開けたら，箒が倒れてきた。中を見たら，塵取りにはまだゴミが入っていた。 　　ⅱ自分のこれまでの経験から，身近な問題について解決策を話し合う。	○役割演技を通して，実際にどのように行動すればよいかを考える場を設定する。 ○解決方法を役割演技で体験することで，わかっていてもなかなかできないことを実感できるようにする。 ○解決策だけでなく，なぜみんなで使う場所や物を大切にしなければいけないのかを考えるよう助言する。 ○自分の生活経験から，問題を見つけ，その解決策を考え実践できるようにする。
終末	5　学習のまとめをする。 ○みんなで使う物や場所はどのように使えばよいと思いますか。 ・みんなで使う物は自分だけのものではないから，わがままを言わないで大切に使う。 ・誰かがやってくれると思っていたが，自分から進んで大切にしていきたい。	○みんなで使う物や場所を大切に使わなければいけないことに気づくだけでなく，進んで公共のために尽くそうとする思いをもてるようにする。

④指導の実際

資料の活用

　活用した資料は，いずれも登場人物は児童と同年代であり場面も学校生活などの日常生活を扱い，題材が身近で内容把握をしやすいものであった。また，問題場面はどうすればよいか行動に迷ったり，悩んだりする葛藤があり，解決が必要となる流れになっていた。結末を知らせずに，資料を途中で切って，提示した。これにより，児童は資料の問題場面を発見し，共

感することで問題意識を高め，解決に結びついた。

道徳的問題の発見と把握

　展開前半で，資料の結末を知らせずに途中まで提示する。その後，一枚の場面絵を提示し，それを基に本時で考えたい道徳的問題を話し合う。資料の中には，複数の問題場面が存在するので，内容の吟味が必要である。問題解決する意欲が高まるように道徳的問題を共通理解し把握する。

※　下記は，実際の授業の様子

```
T　ここまでお話を考えてきて，今日考える問題は何がいいと思いますか。
C　誰が花を捨てたかを考える。
C　なんで捨てたのか。
C　水飲み場がどれだけ大切か。
C　みんながどれだけ迷惑か。
T　このままだと迷惑ですよね。このままでいいと思いますか。
C　だめだと思う。
T　でも，このままの可能性もあるので，意見が出たんだね。
C　直さなきゃ。
T　何を解決していけばいいかな。
C　自分たちでどうするか。
T　みんなは，こういうことは経験がありますか。
C　石鹸が汚れていた。
C　トイレが詰まったままになっていたよ。
```

ワークシートによる問題解決

　児童が道徳的問題を解決するにあたり「どうする」「わけ」「けっか」の思考の流れをフローチャートで書くワークシートを活用する。記入時間は3分ほど確保する。展開の前半と後半で2回，自分が主人公だったらどうするかを問い，意思決定をする場（赤丸）を設ける。また，友達の意見を聞いた後に納得できるものがあれば加筆（青色で書く）してよいとした。

問題解決策の吟味

　本時では，解決策の吟味において役割演技を取り入れた。板書整理した際はたくさんの行動が出されたが，ほんとうにそれができるのかを役割演技をすることで疑似的に考えさせ，そのうえでよりよい解決策を考えさせたいと思った。どのような役割演技をするのかを教員側から指定することなく，自由に演じるようにすすめた。

第2章　実践編　小学校　6　「問題解決学習」における「多角的な思考の流れ」を可視化した授業

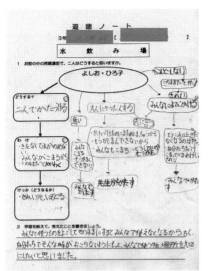
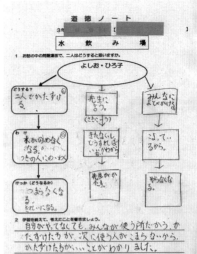

全体での問題解決を経て加筆したうえで，一次決定「2人で片づける」から二次決定を「みんなに呼びかける」に変更している。片づけてその場の解決に終わらず，今後同じことが起きないようにと呼びかける行動を選択した。

一次決定から二次決定の変更はなく，「2人で片づける」を選んでいる。全体での問題解決を経て，自分のことだけでなく，周囲へ目を向けた意思決定の理由や結果についての考えが増えている。

※実際の役割演技の様子

よしお役　わー汚い。水飲むのやーめた。（資料の台詞）

ひろ子役　どうしてここに花を捨てるのかしら，また詰まっているのね。（資料の台詞）

よしお役　誰がやったんだろうね。

ひろ子役　ほんとうだね。

ひろ子役　2人で片づけようか。

よしお役　えー，気持ち悪い。

よしお役　やってよ。

ひろ子役　やだよ。

よしお役　どうやるの。先生呼ぶ？

ひろ子役　花を取り出して，教室のごみ箱に入れて……，水を捨てて，それできれいになるんじゃない。

ひろ子役　やる？

よしお役	えー。
ひろ子役	(たまった水に両手を近づける。)
よしお役	(ひろ子の様子を見て,自分の手も水に近づける。)
ひろ子役	じゃあ一緒に。
よしお役	わかった。せえの。(2人とも顔をそむけてごみを取り,ごみ箱に捨てに行く動作をする。)
観衆からは「あっ。」「えっ。」などの声が聞こえた。	

　役割演技を行う際には,場面の状況をていねいに抑えた。目の前に汚れた水飲み場があることを全員が想像しやすいように言葉をかけたことで,児童は顔をしかめ始めた。そのうえで,演者は登場人物の気持ちや様子(よしおは怒っていて,ひろ子は「もう……」と水を止める様子)をしっかりとらえるように配慮して役割取得した。それによって,演者は,迷いながら2人で相談して自分たちでごみを取り除く行動を行った。すぐに取るのではないところに切実感がある役割演技となった。

シミュレーション

　展開後半のシミュレーションでは,学習した内容項目に関して,資料から学んだことを応用して,想定した具体的な生活場面でどのように生かせばよいかをグループで話し合い,全体で考えた。

　本時では,清掃用具ロッカーが片づいていない状況を伝え,その場合どうするかを考えさせたところ,グループの話し合いの後,全体の話し合いで,まずは自分で片づけ,その後先生にも伝えるという意見が出された。資料での学習が生かされた意見が出た。

> ※実際のシミュレーションの様子
> T では、こういう場合はどうしますか。
>   皆は教室掃除です。掃除用具ロッカーを開けたら、箒が倒れてきました。さらに、塵取りにはまだごみも入っています。皆が使う物なのに、こんなとき、どうしますか。グループで話し合いましょう。
> C グループで話し合う。(約2分)
> T 話し合ったことを発表しましょう。
> C 汚いから直す。
> T でも、それは〇〇さんがやったわけではないよね。それでも直す？
> C 自分がやってないけど片して、皆に呼びかける。そしたら同じことが起こらないから。
> T なるほど、まずは自分で片づけて、同じことが起きないように皆にも伝えるということですね。

⑤まとめ

　一人一人がワークシートを使って問題解決に取り組み、その後全体で話し合い、役割演技をして問題解決策の吟味を行った。段階を踏んで問題解決を行い、板書で思考の流れを可視化することで理解しやすくなった。

⑥文献

・柳沼良太『問題解決型の道徳授業——プラグマティック・アプローチ』明治図書、2006年

⑦教材・ワークシート

教材：「水飲み場」(『3年生のどうとく』文渓堂)
　資料は短く、学校の水飲み場が汚れていたので使わずに戻ろうとしたけれど、友達が来て片づけたという内容である(結末は示さずに活用する)。

第2章 実践編 小学校 7

多様な価値観を表出させる対話活動の授業

木下美紀

目標と方法

　資料「心と心のあく手」の道徳的問題場面における自己の決定した行為と根拠を交流する対話活動を通して，困っている相手の状況を吟味して的確にとらえ，自分のとりうる行為を考えて判断することができるようにする。

おすすめポイント

　新学習指導要領の解説の道徳の目標にある「多面的・多角的に考え，自己の生き方について考えを深める学習」には道徳の時間において言語活動が重要な位置を占める。本実践は次のようなポイントがある。
・「なぜだろう，知りたい！」という児童の問題意識を高める
・多様な価値観を表出させる言語活動の工夫（対話活動）をする

①授業の概要

　人は，困っている人を見れば，放っておけないという心が働く。その思いやりの心の動きに基づいて行われる具体的な行為が親切である。その素

直な心の動きを大切にしながら，さらに，相手のニーズに合った「ほんとうの親切」とは何かということを考えさせたい。「自分」「相手」を意識させながら，対話活動を仕組むことで多様な価値観を表出し，自己の道徳的見方，考え方を広げ深めることができると考える。

> 【物語のあらすじ】
> 　主人公はやとは，学校の帰り道，重そうな荷物を持ったおばあさんに声をかけて断られる。後でおばあさんはリハビリ中だと知り，再度おばあさんに出会ったとき，声をかけるか迷う。そして，おばあさんの様子を見守り続け，ほんとうの親切とは何か考えるという話である。

　本実践の資料「心と心のあく手」（『わたしたちの道徳』小学校三・四年）は，「ほんとうの親切」ということをテーマとした資料である。相手のことを思ってする親切も，ときとして相手のニーズと合わずに受け入れられない場合もある。ほんとうの親切とはどんなものだろうか？中学年の内容「親切，思いやり」の「ほんとうの親切」に視点をあてて，資料に出合わせたい。今回の授業の資料の活用については，資料を分割して提示する。前半は，子どもが「自分だったら」と選択ができる場面を提示する。後半は，主人公の行為や考えから道徳的価値がとらえられる場面を設定する。この資料を，「自分だったら」という視点を大切にし，対話活動では，「自分」「他者」の視点を大切にして交流をさせたい。福祉体験学習などと関連させると，さらに実感をともなった考えを表出させることができる。

主題名：ほんとうの親切とは？　親切，思いやり
資料名：「心と心のあく手」（『わたしたちの道徳』小学校三・四年）
目　標
（1）資料「心と心のあく手」を通して，困っている相手の状況を吟味して的確にとらえ，自分のとりうる行為を考えて判断することができるようにする。
（2）道徳的問題場面における自己の決定した行為と根拠を書く活動やそ

れをもとにした対話活動を通して,自分の親切に対する傾向性を知り,ほんとうの親切について自分のできることを実践していくよさを感得できるようにする。

対話活動のポイント

対話活動は,他者と多様な価値観を表出し,道徳的価値に向かうための相互作用の活動である。次のようなことをチェックしたい。

> 展開段階では,主たる交流活動を1つ考えましょう。子どもの考えを広げ,深める活動です。
> 道徳の時間で言えば,道徳的価値に向かう交流活動です。それには,多様な価値観を交流させる「対話活動」が有効です。個人のもった考えをもちより,皆で出し合って練り上げる活動をめざしましょう。
> 交流活動では,次のようなことが大切です。チェックしましょう。
> (　) 子どもが話し合ってみたい！ と思っていますか？
> 　　（話し合う必然性）
> (　) 何について話し合うかわかっていますか？（テーマの把握)
> (　) 話し合う材料がありますか？（自分の考えを書いたノート等）
> (　) 話し合いの進め方がわかっていますか？（話し合いのルール)
> (　) 多様な考えを認め合う関係になっていますか？（支持的風土)

②授業計画（1時間＋課外）

目　標	活動と内容	配時
1　自分の生活を想起し学習の方向をつかむことができる。	1　親切に関する生活経験を振り返り,道徳アンケートに記入する（実態調査）。 ○自分の親切・思いやりについての傾向性に気がかりをもつこと	事前活動
2　資料「心と心のあく手」を通して,ほんとうの親切についてとらえることができる。	2　資料「心と心のあく手」を通して「親切」の価値について追求する。 ○自他の思いを調整し,困っている人を放っておけない気持ちに支えられた親切の大切さをつかむこと	本時
3　把握した価値から自分の生活を見直すことができる。	3　親切・思いやりの価値の振り返りをする。 ○自分の実践状況を振り返ること	事後活動

③授業の略案

学習指導の過程

活動と内容	教師の支援
1　2枚の絵をもとに，自分の日常生活の中の親切について考え，ほんとうの親切について話し合う。 　○思いやり・親切についての気がかりをもつこと 【発問1】 ほんとうの親切って何だろう？ 　　　めあて ほんとうの親切について，友達と対話して考えよう。	○2枚絵（親切にして断られる絵・受け入れられる絵）のペアを提示し，思いやり・親切に関する気がかりをもたせる。
2　資料「心と心のあく手」を読み，思いやり・親切の大切さについて話し合う。 　(1)　おばあさんに声をかけるか声をかけないか自己選択しその理由について話し合う。 　○親切についての自分の傾向性を明確にし判断すること 【発問2】 ①　あなたがはやとくんだったらどうしますか？ ②　そのわけは？ | 声をかけない	声をかける | |---|---| | ・お手伝いは必要ない（リハビリ中） ・断られると悲しい ・用事がある | ・放っておけない ・苦しさを除いてあげたい ・私だったら声をかけてほしい ・かわいそう | 　　　小集団（ペア）による対話活動 | 声をかけない | 声をかける | |---|---| | ・手助けは必要ない（リハビリ中） ・そのまま見守るのがいちばん親切（思いやり） | ・放っておけない ・助けるのは，私しかいない （思いやり） | 　　　大集団による対話活動 ほんとうに相手のためになるのはどちらだろう？　主人公はどうしたのだろう。知りたい！	○道徳的な問題場面において自己の考えを判断させ，多様な価値観を表出させるために，炎天下でおばあさんに再度出会った主人公のとった行為について想像し，「声をかける」か「声をかけない」か自己選択させ，その根拠について記述させる。それをもとにペアで対話させる。 ○さらに，対話活動で付加・修正された考えについて明らかにさせるために，全体で交流させる。

(2) 資料後半を読み，主人公の行為や考えからほんとうの親切をするために大切な心について話し合う。 ○放っておけない心から見守る大切さに気づくこと 【発問3】 主人公を支えたのはどんな心でしょう。 　・おばあさんが気になって仕方がなく，放っておけないから見守り続けた。 　・見守ることがこのぼくのほんとうの親切だと考えた。 3　ほんとうの親切について自分の考えをまとめる。 (1) 級友や自分の行動で，親切にできたことを紹介する。 ○自分や友達に思いやりの心を見つけること 【発問4】 主人公のような経験はありませんか？ 　・ほんとうの親切は，相手の望むことを考えた親切 (2) 教師の説話をもとに思いやりの心について話し合う。 ○教師の説話をもとに感得した価値の実現をめざしていこうとする実践意欲を高めること 【発問5】 これからどんな心を大切にしたいですか？	○道徳的価値をとらえさせるために，おばあさんを心の中で応援し続ける場面のはやとの気持ちを考えさせ，全体交流させる。 ○実践できたことを紹介して自己評価させ，自分の心の中に思いやりの心を発見することができるようにする。 ○実践意欲を高めるために，児童の様子を紹介する。

板書計画

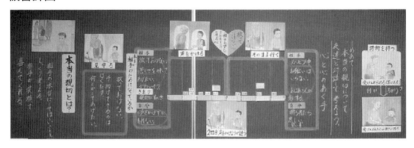

④授業の実際（対話活動）

　特に，特徴的な言語活動の部分を抜粋して紹介したい。

声をかけようか迷う場面（「自分だったら？」と意見を表出）

T　1度声をかけて断られたおばあさんに再び出会ったはやとくんは，声

をかけようか迷います。はやとくんは，この後，どうしたでしょう？そのわけは？

C₁　（声をかけない）

　　黙っていたほうがいい。おばあさんは，リハビリ中だから，声をかけたらおせっかいかもしれない。自分の力で歩きたいかもしれない。

C₂　（声をかける）

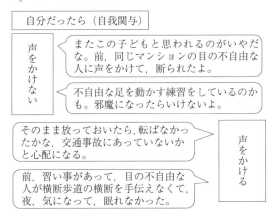

このまま，放っておけますか？おばあさんは，この前よりも足取りが重いようで，倒れたらいけない。私は，声をかけたい。

C₃　（声をかける）

　　そのまま放っておいたら，転ばなかったかな，交通事故にあっていないかなと心配になってしまう。前にそんな経験がある。（以下略）

「声をかける」「声をかけない」という視点で，さまざまな意見が出された。大切なのは，その理由である。A児は，自分の経験を重ねながら，その場の心情を吟味することができた。そして，話し合いはどうしたらほんとうに相手のためになるの

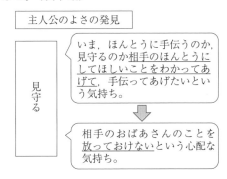

かという「ほんとうの親切」という論題になっていった。

目からうろこの主人公の行為（その裏にある心情を掘り下げる！）

　その後，「声をかける」「声をかけない」でこんなに迷うのに，主人公は

どうしたのだろうかという疑問が出てきた。これが後半の資料提示の必然性である。主人公は、「見守る」という行為をとった。それは、相手を放っておけないという思いやりの気持ちからだ。子どもの考えを超える新たな視点を主人公が与えてくれる。その行為を支える心情を考えるのが大切である。そして、Ａ児は、「ほんとうの親切とは、相手の人が気になって仕方がないという気持ちで、相手がしてほしいと思うことを考えること、そして、自分の心がうれしくなること」と発言し、自分の価値観（親切）を見直すことができた。

> 思いやり・親切の価値をとらえたＡ児
>
> ・ほんとうの親切って？　相手がほんとうにしてほしいことを考えて、<u>相手の気持ち（心）を見ぬいてしまえるほどの親切</u>。
>
> 　それは、<u>相手の人が気になって仕方がないという気持ち</u>で、その人が、助けてほしいと思ったら、すぐに助けてあげられるようにしておくことだと思います。
>
> 　それに、相手の人に気づかれなくても<u>自分の心がうれしくて満足すること</u>だと思います。

⑤まとめ

　導入段階で「ほんとうの親切とは？」とテーマに関する問いを生み出し、資料の問題場面における対話活動で多様な価値観を表出しながら自己の生活をみなおし、道徳的価値の自覚を深めることができた。

　「問題意識を表出させる授業づくり」「多様な価値観を表出させる言語活動の工夫」である。子どもの生活と確かに結ぶことで、子どもが親切のよさを実感し、学びを生活に生かしていくような道徳の時間を今後も大切にしたい。道徳的問題場面において、保護者・地域参加型の授業も取り入れていきたい。

⑥文献・教材・ワークシート

・文部科学省「心と心のあく手」『わたしたちの道徳』小学校三・四年
・学習プリント（次頁）

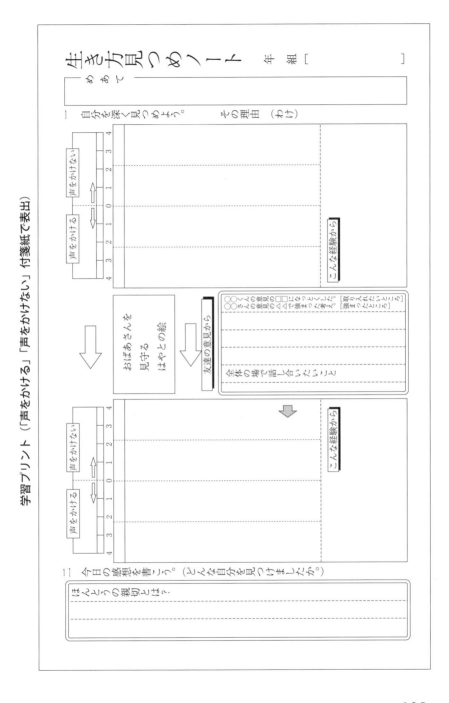

第2章 実践編 小学校 8

偉人・先人を取り上げる道徳授業

林　敦司

目標と方法

どう生きるかという問題は、人物を通して学ぶのがもっともわかりやすい。偉人や先人の生き方にふれながら子どもを自己内対話へと導く授業を構想することで、道徳的価値の大切さを憧れや目標となる人物を通して学ぶとともに、授業で出会った人物を自分を見つめる鏡として活用する能力を身につけることが期待できる。

おすすめポイント

- 登場人物の苦悩や覚悟に満ちた営みが、時空を超えて自己内対話という思索の世界に子どもを強くみちびく。
- 1つの道を極めた人間の姿は、子どもによりよく生きることの魅力や意味を語りかける。
- 飽くなき探究心から生み出されたエキサイティングな生き様にふれることで、原初的な心的エネルギーが湧出される。

①授業の概要

　「知の巨人」や「歩く百科事典」などと称された南方熊楠には，多くのエピソードが残されている。事前学習で熊楠について調べた子どもたちは，それぞれ多様な熊楠像を披瀝すると思われるので，それを生かした指導過程を考える。話し合いでは，顕微鏡のなかのミクロの自然と，樹齢千年の大楠の下で感じるマクロの自然に心を動かす熊楠の思いに共感させながら，自然の中で生かされている私たち人間の役割について考えさせたい。

②授業計画

【事前学習】
・伝記を読んだり，インターネットで調べたりしながら，南方熊楠の人となりや事跡，エピソードなどを調べる。

【授業展開】
① それぞれの子どもが把握した南方熊楠の人物像を発表する。
② 南方熊楠の生き方を貫いた信念について意見を交わす。
③ 教材中の南方熊楠の生き様を追体験しながら，自分自身との対話を深める。
④ 南方熊楠の「その後どうなったか」や「後世の人びとに与えた影響」を知る。

【事後学習】
・南方熊楠の写真や言葉にふれる。
・全伝を読んで感想を交流する。

③本時の略案

主題名：自然の不思議に挑む（第6学年）
教材名：「てんぎゃんと呼ばれた少年」（自作）
ねらい
　生涯をかけて自然の偉大さを知ることに挑んだ南方熊楠の生き方を追うことで、自然の中ですべての命がつながっていることを感じ取り、自然とともに生きようとする心情を育てる。［自然愛護］
準　備：南方熊楠の写真，年表，熊野の森の写真，粘菌標本
本時の展開

学習活動	主な発問	指導上の留意点
1　各自が把握した「南方熊楠」を発表する。 2　南方熊楠が生涯を貫いたものに意見を交わす。 3　教材中の人物の生き様について話し合う。	○南方熊楠とはどんな人物だろう。 ○熊楠が生きるうえで，こだわったこととは何だったのだろうか。 ◎熊野の森に入った熊楠を研究に打ち込ませたものは何だろう。 ○楠の大木は，熊楠にどんな決心をさせたのだろうか。	・熊楠と出会った感想や感動を自由に語らせる。 ・熊楠が生涯追い求めたものは何かを考えさせる。 ・「真理の探究」の内容とも関連があることに配慮しながら，子どもたちの思考を深める。
4　南方熊楠が「後世に残したもの」について，映像を通して知る。	○熊楠が私たちに残してくれたもののひとつを紹介します。	・百年後の2004年熊野の森が，「世界自然遺産」として認定された。

④指導の実際

1　授業前の教材研究

　教師自身が南方熊楠という人物の内面に目を向けるために，数冊の伝記を読んだり，熊楠が残した手紙や日記を読んだりした。手紙や日記は，第三者に読まれることを意識せず，自分の思いや感情を伝えるので，そこに

おのずと人物の素顔がにじみ出ている。また，記念館に電話して現地の人と話をするのも，その人物と心的に交わるという点で効果が得られた。

2　子どもたちの事前学習

子どもたちは，文献図書やインターネットを使って南方熊楠を調べていたが，ある男の子が学校の近くで粘菌を発見したことで事前学習の場が屋外にも広がった。熊楠を魅了した粘菌が自分たちの住んでいる場所にもいることに驚き，その発見によって熊楠との心的な距離を縮めた。これをきっかけに，子どもたちは熊楠との交わりを深めていった。

3　授業展開

（1）丸ごとの人間像から迫る

本授業は，はじめに「南方熊楠とは何者か」についてじっくり話し合われた。それだけ熊楠という人間は多様な見方ができるし，子どもたちにとって魅力的な人物である。授業では，熊楠とつき合いのあった当時の人たちによる評判を書いた短冊を，熊楠の写真の周りに貼っていくことで，子どもたちが自分なりにとらえた熊楠像に迫りやすくした。

（2）熊楠が生涯を貫いたものに目を向ける

熊楠の魅力は，学問的業績はもとより，飽くなき探究心や桁外れの記憶力から生み出されたエキサイティングな生き様である。明治の初めという時代にもかかわらず日本を飛び出し，アメリカやイギリスで食うや食わずの生活をしながら研究に打ち込ませたものは何であったのか，どのような思いで熊野の森を守ろうとしたのか，ということを基に，熊楠が生涯を貫いたものを子どもたちに考えさせた。

（3）自分自身との対話を深める

教材「てんぎゃんと呼ばれた少年」を用いた話し合いでは，自然の営みに魅了される熊楠への共感を通して考えを深めさせた。顕微鏡をのぞく熊楠が，熊野の森の自然の偉大さに感動する場面を取り上げ，「熊野に入った熊楠を研究に打ち込ませたものは何だろう」と発問することで，その情況における価値の選択や敢行を追体験させた。さらに，「楠の大木は熊楠にどんな決心をさせたのだろう」と問いかけて，熊野の森をどうしても守

ろうとした熊楠の強い思いに浸らせるようにした。その際,「ほんとうにやり抜けると思っていたのだろうか」とか,「心のどこかに有名になりたいという気持ちはなかったのだろうか」など,子どもたちが把握した熊楠像に揺さぶりをかける補助発問を用意したことで,自らの課題意識を追求していく形で自分への問いかけをより深めることができた。

多くの子どもが熊楠に熱心に自己を一致させたのは,苦学して学を成した博物学者ゲスネルを目標に,「吾れ欲くは日本のゲスネルとならん」と自らを奮い立たせた場面であり,また,熊野の森を守る覚悟を決めた瞬間であった。

(4)「その後どうなったか」にふれる終末を工夫する

平成16年（2004）に「紀伊山地の霊場と参詣道」が世界自然遺産として登録された陰には,百年も前に熊楠の必死のエコロジー運動があったことを映像で紹介して授業を終わった。番組のエンディングで,その時間の主人公が「残した言葉」や「後世の人びとに与えた影響」を紹介するテレビ制作の手法を本授業に取り入れたことで,本時の学びを子どもの心に印象強く残すことができた。

4 事後学習

授業後には,扱った南方熊楠の写真を教室に掲示したり,全伝にふれさせて感想を交流する場をもった。また,学校生活のなかで困ったことや判断に迷うようなことがあったときに,「熊楠だったらどうするだろう」とか「熊楠はどう判断するだろう」などと,熊楠をもう一度その場に登場させて,解決の糸口を子どもたちに考えさせるようにした。

子どもたちは教室に「熊楠コーナー」をつくり,自分たちが採取した粘菌を展示したり,熊楠を描いた絵や写真を盛り込んだ年表づくりを熱心に行ったりしていた。

⑤まとめ

道徳的価値が人間の生き方を教えるのではなくて,人間の生き方が道徳

的価値の大切さを教えるという発想のもとに，指導過程の独創的な適用を試みた。また，授業者が人物について調べる際，授業に扱う道徳的価値ではなくて，「この人間の生涯を貫いたものは何であったのか」「何がその行為を支えていたのか」という，生き方の根本に迫る文献資料の読みをつねに意識することで，子どもの目を人物の内面に目を向け，それを追体験しながら自己との対話を深める授業を展開することができた。

　授業の後，2ヶ月も過ぎてから，「くじけそうになったり，迷ったりしたときは，あこがれの熊楠さんにそっと相談したい」と作文に書いている子どもがいた。また，中学生になって手紙を送ってきた子どもは，そこに学校生活の悩みを書いていたが，差出人は「熊楠より」となっていた。この子どもたちの中には，熊楠が住まわっていることを確信したのである。

　このような学習を積み上げていけば，人生の重大な岐路に立ったとき，あるいは，困難に直面したり，むずかしい決断を下したりする場面で，おのずと道徳授業を通して出会った人物の振る舞いや言葉がリアリティをもってよみがえってきて，それが自分の行くべき道を指し示してくれるに違いない。

　このように考えると，道徳科の授業で偉人・先人を取り上げる一番の効果は，その人物の叡智を自分の中に取り込むことで，「この人物ならこう考えるだろう」という判断軸を得るとともに，人生に前向きな姿勢を引き出すことである。

⑥文献

・神坂次郎『縛られた巨人』新潮社，1987年
・飯倉照平『南方熊楠』岩波ジュニア新書，1996年
・中瀬喜陽（監修）別冊太陽『南方熊楠』平凡社，2012年
・林敦司『道徳教育と江戸の人物学』金子書房，2014年

⑦教材・ワークシート

児童作文

わたしのあこがれの人・南方熊楠

六年 ○○○○

わたしたち六年生は、歴史や道徳の学習で、多くの魅力ある人物の生き方に出会いました。

幕末に民衆を救うためにたたかいたかった大塩平八郎、新しい国をつくろうと一生けん命に生きぬいた坂本龍馬や福沢諭吉、陸奥宗光、小村寿太郎、新渡戸稲造、平塚雷鳥、市川房枝、田中正造など……。

『魅力ある人の生き方とは！』

みんなで話し合い、一つの結論が出ました。それは、「自分はこうするんだ！」という生がい貫くものをもった生き方です。

しかし、わたしは、そんなに強い意志で行動できる自信がありません。苦手なことがあると、ついあきらめてしまいます……。

そんなわたしですが、道徳の学習で出会った「南方熊楠」にすごく心をひかれました。熊楠は、幕末に生まれながらも、「大好きな粘菌の研究をしたい！」と一人で外国に旅立ちました。そして、貧しい生活の中でも研究にはげみ新種の粘菌を発見し、世界的に有名な研究雑誌『ネイチャー』に日本人で初めて論文がのった博物学者です。

すごい人なのですが、私は大好きになってしまいました。

それは、私と同じ「自然が大好きな人」、自由奔放で奇想天外・少年のころの夢がいずっと追い続けた姿に共感したからです。

また、森や神社を破かいする「神社合祀令」にいかり、一人でも国とたたかい、森の生き物たちを守りぬいた強い人だからです。

でも、一番好きなところは、ひたすら「自然の不思議を知りたい！」と粘菌を探し回る熊楠の純粋な姿です。熊楠が守った熊野の森は、今、世界遺産です。

「ものすごく好きなこと」って、いいな！強くなれるんだ！わたしも、「好きなこと」を夢中に取り組んだり勉強したりして、魅力のある強い人・優しい人・生がい貫くものをもてる人になれたらいいなと思います。

くじけそうになったり、迷ったりしたときは、わたしのあこがれの人「熊楠」にそっと相談したり、答えを教えてもらったりして、一歩一歩前へ進みたいと思います。

大江小学校の裏の森には、たくさんの美しい粘菌たちがすんでいます。もちろん、熊楠さんも……。ぜひ、来てみてください。

道徳教材「てんぎゃんと呼ばれた少年」

てんぎゃんと呼ばれた少年

「子どもがてんぎゃんにさらわれたぞ。――」

村は蜂の巣をつついたようなさわぎになってきたのです。それから三日もたっているのに、家に帰るのを忘れてしまったらしい。山で虫取りをしているうちに、家に帰るのを忘れてしまったらしい。もちろん、少年はお父さんにひどくしかられました。でも、しばらくすると、また出かけて行きました。村の人々は、この少年のことを、「てんぎゃん」と呼ぶようになりました。

少年の名前は、南方熊楠と言います。慶応三年(一八六七年)に、現在の和歌山県に生まれました。幼いころから生きものが好きで、小学生になると、自分の目で見て、耳で聞き、ふれてみなければ納得できない性格なので、先生の話を聞くだけの勉強はたいくつでした。授業が始まると、弁当箱に入れていたバッタやカニを取り出しては、こっそり見ていました。

十九歳になった熊楠は、「世界をかけまわって自然の不思議を知りたい」と言って外国へ飛び出して行きました。アメリカでははずらしい植物を探しに、本で見た草花やこん虫を探しに野山を歩き回りました。だれも行かないような所まで足をふみ入れたのです。キューバで採取した地衣類が新種として認められたのもこの頃でした。

イギリスに移ると大英博物館に通い、たくさんの本を読んで勉強しました。ところが、しだいに実家からの送金が滞るようになり、思うように研究が続けられなくなってしまったのです。熊楠は馬小屋の二階を借りて、そこで食うや食わずの研究生活をしました。明日がどうなるか分からない暮しでしたが、尊敬するスイスの博物学者ゲスネルが、貧しさのなかで研究を続けたことを思い出しては自分をはげましました。

こうした海外の生活で、新しい植物や菌類(キノコの仲間)を発見し、研究の成果を発表しました。また、世界的にも有名な『ネイチャー』という科学雑誌に、スペンサーやダーウィンと肩をならべて論文が掲載されました。そしていつしか、外国の植物学者の間で「日本のミナカタ」

の名前を知らない者はいなくなっていました。十四年ぶりに日本に帰ってきた熊楠は、熊野の森に入りました。紀伊半島の南部に広がるこの森は、山が深く、原生林が空をおおって黒々と生いしげっています。

熊楠は、思わず息をのみこみました。この森では枯れ木などにできる粘菌の採集に明け暮れました。粘菌は、バクテリア(細菌)を食べる動物ですが、キノコの形に変化して植物にもなります。熊楠は、この菌が命の不思議を知る手がかりになると考えて研究を続けました。

顕微鏡をのぞく熊楠は、大きな眼をきらきらさせてつぶやくのでした。熊野の森で次々と新しい粘菌を発見し、世界の雑誌に発表していきました。

明治三十九年(一九〇六年)に、「神社合祀令」という法律ができて、村々にあった神社が取り壊され始めました。それといっしょに、鎮守の森の木も切られたのです。熊楠は、森を失った村を歩きながら、

「森ではすべての命がいっしょになって生きている。」

という村人の話を聞きました。また別の村では、「井戸水がにごって飲めなくなった。害虫が増えて作物が荒らされる。」という相談を受けました。人の暮らしと自然のかかわりを見てきた熊楠には、村人たちのうったえが心のよりどころまで失っていることに気づいたのが原因だと分かりました。それだけでなく、神社や森をなくしたことで、人々が心のよりどころまで失っていることに気づいたのです。そして、その大木を見上げたまま、熊楠はクスノキの下に来ました。そして、その大木を見上げたままじっと考えるのでした。

熊楠は病の床でまぼろしの花が咲いていました。

「天井に美しいむらさきの花が咲いている……。」

この言葉を最後に、静かに息を引き取りました。てんぎゃんと呼ばれた少年時代の夢を追いかけながら、自然や命の大きさを体いっぱいに感じ取った七十四年の生涯でした。

(林敦司 作)

第2章 実践編 小学校 9

個性の伸長をめざした総合単元的な道徳授業

齋藤道子

目標と方法

　グローバル化が急速に進む21世紀は，多文化共生時代の到来と言われ，いっそう多様化する価値観の中で，自らの生き方やあり方をしっかりと見極め，互いに尊重し協働しつつ共に生きる資質の涵養が求められている。

　これを踏まえ文部科学省は，リテラシーやコンピテシー等の育成視点から新たな教育改革を手がけ，人格形成の根幹にかかわる道徳教育においては，児童生徒の確かな道徳性の育成をめざし教科化を図った。教育課題は多々あるが，私自身は21世紀を生きるキーワードを人間愛・人権・共生・協働・創造ととらえ，社会の一員としての役割と責任を果たしつつ，個々の個性を伸ばし生かすことで，共により豊かに生きることをめざしたい。そこで，本稿では内容項目「個性の伸長」に取り組み，片岡徳雄氏の論理的観点と押谷由夫氏の総合単元的道徳授業の構築観点を参考に新たな道徳の授業デザインを提案したい。

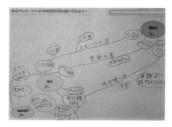

おすすめポイント

・道徳の時間で育てたい「個性の伸長」の価値について考える。
・児童の実態に即した発達段階的な今後の指導のあり方を考える。
・全教育活動と関連づけた総合単元的な道徳指導方法を考える。

①授業の概要（授業をデザインするうえでの論理的観点）

> 「個性」とは一体何か。片岡徳雄（日本教育学会理事）の理論「個性をつくる要素には，個別性と社会性をつくる背景があるが，『主体性』こそが個性の真髄である。」に基づき授業実践を行う。

「個性の伸長」の指導を行う前に，まず私たち教師自身がその価値について学び，明確な指導観と指導方法をもって授業を行うことが肝要である。

片岡氏は，「個性」をつくる背景には心理的・社会的・運命的な要因等の背景があるが，その核心には，「その人の求める価値」，すなわち「主体性」があるとしている。また，その「主体性」の根源は，一般的な他者や社会に映し出された「客我」と「自我」との内観や内省によって生じる「主我」や，その「主我」を方向づける「感性」にあるとし，この背景を十分に考慮しながら個性の育成に努める必要があるとしている。しかし，現代社会は「主我」や「感性」が育ちにくい状況にあり，今後21世紀の国際社会を主体的に生きる児童生徒を育成するうえでの大きな課題であると指摘している。よって，本稿では，道徳の教科化に際し，正に生きる主体となる「個性の伸長」に自分なりに取り組んでみたい。

そこで，本授業では「個性の伸長」に係る道徳性の育成を（1）自らの生き方を考える道徳的観点と，（2）主体的に個性を伸ばす資質的観点（㋐自己理解，㋑社会的主我，㋒感性）を考慮して検証授業を行い，それらを通して新たな授業デザインを試みる。

②授業計画

（1）道徳的観点	（2）資質的観点	
個性の伸長　A-(4)	㋐自己理解	←促進のKW

低学年	◎自分の特徴に気付くこと。 （改訂学習指導要領）	・自分と友達とを比べて同じところと異なるところに気づく。	・親や家族の評価 ・友達や教師の評価による自己認識
中学年	◎自分の特徴に気付き，長所を伸ばすこと。	・自己の外見的な特徴に気付くとともに性質や好み等の内面的な特徴に気づく。	・自己への客観視 ・客観視による外見的，内面的な個別性への気づき
高学年	◎自分の特徴に気付き短所を改め，長所を伸ばすこと。	・自分の得意なことや興味関心の傾向に気づき，主体的に伸ばそうとする。	・客観的自己理解の深化と短所の改善，長所の主体的伸長への実践意欲の向上

③ 本時の略案：実践事例5年（総合単元的な道徳授業）

単元のテーマ　◎自分らしさについて考えよう。

〈第1次〉人権教育（学級活動）：自他の違いをとらえる

○活動名	自分の特徴を知ろう	道徳との関連	個性の伸長　A-(4)
◎ねらい	一人一人の違いを認め，自分についての理解を深める。(2)㋐		
活動1・気づく	1　「自分のジャガイモ」を見分けよう。 ① 人数分のジャガイモから1つ選択し，観察後に戻し再度先程のジャガイモを取る。 ② 探す手がかりを振り返り意見交流により，個々のもつ「特徴」の存在に気づかせる。	◇嗜好による選択行為への気づき・識別の手がかりとなる特徴への気づき（感性に基づく嗜好性の個別化）	
活動2・知る・理解する	2　自分自身の特徴について考える。 ① 自分の特徴について考えWSに書く。 ② 複数の友達から自分の特徴について聞き合いWSにつけ加える。 ③ WSを教師が読み，皆で誰か考える。 ④ WSに感想をまとめ，個人を特徴づける事柄には外面的・内面的なことなど，多々あることに気づく。	◇普段無意識的にかかわっている友達にも個々に特徴があることを認知し，自他の唯一性を自覚する。（個別性） ◇個々の違いを認め，尊重する人権感覚の涵養を図る。	
発展	3　自分の特徴をもっと調べよう。 ① 家族や身近な人に自分の特徴を聞く。	◇自分ではとらえにくい特徴を他者を通して客観的に認識し理解を深める。	

※指導案作成参考資料：東京都人権教育プログラム

授業の様子（◇）と課題の把握（◆）

（1） 2-①のWSに見られる児童自身がとらえた特徴　（実施対象19名）

◆自分の特徴はどのようなことか？（複数回答）	外見的特徴	内面的特徴	その他
	・身長（11）・性別（9） ・髪型（7）・年齢（7） ・黒子（5）・顔や体（6）	・野球好き・歌好き・汗かき ・マラソン好き・寒がり ・編物好き・足が速い	・自分の名前 ・眼鏡着用（3）

（2） 2-②のWSに見られる友達との交流によりとらえた自分の特徴

◆友達の特徴はどのようなことだと思うか？	外見的特徴	内面的特徴	その他
	・顔（10）・髪型（7） ・黒子（7）・年齢（3） ・性別（2） ・左利き・体つき	・優しい（4）・足が速い（4）・勉強ができる（3）・面白い（2）・よく笑う（2）・励ましてくれる・女子のリーダー・汗かき・短気・緊張すると赤い・運動神経がいい・活発	・口癖（3） ・眼鏡（3）

◇活動1では，二度目に同じジャガイモを選べなかった児童が4名いたが，この活動から選択行為には自分なりの理由が存在し，外見的な特徴をとらえて自分のジャガイモを選択したことを児童は理解した。

◇活動2では，児童自身による特徴のとらえが非常に薄く，友達との交流活動によって自分の外面的，内面的な気づきが促された。

◇授業後の感想には，「ジャガイモにも全部特徴があり驚いた・自分たちも皆違うと改めて思った・もっと自分を知りたい」等の記述が見られた。

◆本実践から児童の自分の特徴に対する認識が非常に外面的で薄く，友達や家族等からの客観的指摘によって，特に内面的な特徴への気づきが促進されることがわかった。したがって，自己理解や他者理解を深めるには家庭や学校等の身近な集団において支持的風土を醸成し，さまざまな体験や活動を通してより内面的なかかわりを深め，自己肯定感や有能感の育成を意図的に図ることが重要だと思われた。

★今後の指導のKey—Point：心温かな内面的な人間関係の構築・コミュニケーション能力の育成・自己肯定感の育成・人権感覚の涵養

〈第2次〉道徳の時間（1／3）

学習課題Ⅰ	「自分らしさ」とは，何だろう。	内容項目	個性の伸長 A-(4)
◎ねらい	自分の内面的な特徴に気づき「自分らしさ」について考える。		

本時の展開		
	主な学習活動と発問	□指導上の留意点　■評価
関心を高める	1　前時の学習を踏まえ，自分の内面的な特徴をより焦点化して考える。 ○自分の内面的な特徴を考えよう。 ※WSにまず自分で書き入れ，その後に友達と交流して加筆する。	□自分の性質，好み，得意分野等についてWSに書き内面的特徴を認識させる。 ■前時より自分の特徴に気づけたか。
学習課題をつかむ	2　自分を特徴づける「自分らしさ」とは何かを考えていくことを知る。 学習課題1　「自分らしさ」とは，何か。 ※魚類学者「さかなクン」を通してみんなで考えていくことを知る。	□自分を特徴づける「自分らしさ」とは何かを考えさせ課題意識をもたせる。 ■学習課題をつかむことができたか。
学習課題について考える	3　「さかなクンらしさ」について考える。 ①　知っていることを話し合う。 ②　自作のDVDを見ながら「さかなクン」を最も特徴づける言葉をみんなで考える。 ・生まれたとき・小学校時代・中学校時代の様子・将来の夢・水産大学入試失敗・寿司屋 ・魚のイラスト・大学の先生・お魚大使 ③　「さかなクンらしさ」を最も表す言葉を考え「○○らしさ」について考える。	□「さかなクン」の成長の様子から，「さかなクン」を最も特徴づける言葉を考えさせることで，「さかなクンらしさ」とは何なのかについて考えさせる。 ■「さかなクン」ではなく「さかなクンらしさ」をとらえられたか。
まとめる	4　テーマについて考える。 自他の考えを交流しWSにまとめる。	■「○○らしさ」について自分の考えをもてたか。

授業の様子（◇）と課題の把握（◆）

◇内面的特徴への焦点化を図ったことで，児童が自分を意識し，「自分らしさ」について主体的に考えようとする意欲が高まった。
◇特徴的な個性をもつ「さかなクン」を扱ったことで，「さかなクンらしさ」についての考えを深めることができた。
◆児童が「自分らしさ」をより認識できるようにするためには，さまざまなかかわりや体験を通して他者からの客観的な肯定的評価を受ける機会を増やすことが大切である。また，そのよさを積極的に認め，生かすことで，自信をもたせていく働きかけが大切である。（④⑦）

〈第3次〉道徳の時間（2／3）

学習課題Ⅱ	「自分らしさ」とは，どんなふうにつくられるのだろう。	内容項目	個性の伸長 A-(4)
◎ねらい	「自分らしさ」がつくられる様子を考え実践意欲を高める。		

本時の展開		
	主な学習活動と発問	□指導上の留意点　■評価
つかむ	1　前時を振り返り学習課題を確認する。 　　学習課題2　「自分らしさ」は，どんなふうにしてつくられるのか。	■テーマをとらえられたか。
考える・深める	2　資料を読んで学習課題2を考える。 　①　「さかなクンらしさ」は，どんなふうにしてつくられたのだろう。 　　前時の続き「ギョギョギョ」＝「ギョ・魚・?」から?について考え「さかなクン」らしさがどのようにしてつくられてきたのかを考える。 　②　WSに自分の考えを図に描き，それを元にみんなで話し合い，黒板に「さかなクンらしさ」をつくった図を描く。	□前時で児童が考えた「さかなクンらしさ」を最も特徴づける言葉＝「ギョギョギョ」＝「ギョ・魚・?」から「驚き・勉強・職業」を導き考えを深めさせる。 □イメージが表現しやすいよう児童の発言を図式化する。 押さえたいKW： （継続して・自分がつくる）
まとめる	3　学習課題2について考えをまとめる。 　①　学習を振り返り，学習課題2について考えたことを自分の言葉でまとめ発表し合い理解を深める。（興味・努力・行動・継続）	■自分の特徴を生かし「自分らしさ」をつくっていくのは自分に気づけたか。
生かす（事後）	4　自分自身について考える。 　①　自分の特徴を改めて振り返り，今後それをどんなふうに伸ばし，生かしていきたいのか，「自分らしく」生きる未来設計図（素案）を作ることを知らせる。 　（家庭学習で素案作りの情報収集をする）	■自己理解を深め，自分の特徴を伸ばし生かしていこうとする気持ちを実践力に繋げていく。 □未来設計図の作成に取り組む時間を確保する。

授業の様子（◇）と課題の把握（◆）

◇「さかなクンらしさ」を表す言葉と根拠を皆で考えることで，興味・関心→努力・行動→さらなる関心・面白さ→向上心・職業・喜び→自分の生き方につながることに気づき，「自分らしさ」は，自分でつくることに気づくことができた。

◆授業後，自分の特徴について一生懸命に考える姿が見られ，家でも家族に聞いてきた児童もいた。他者の客観的評価をもとに，自己を内観・内省する機会を意図的にもつ必要がある。（⑦⑨）

〈第4次〉道徳の時間（3／3）

学習課題Ⅲ	「自分らしく」生きるには，どうすればよいのか。	内容項目	個性の伸長 A-(4)
◎ねらい	共に「自分らしさ」を伸ばし，生かそうとする心を育む。		

本時の展開		
	主な学習活動と発問	□指導上の留意点　■評価
つかむ	1　前時の学習を振り返り，今日の学習を通してさらに考え「自分らしく」生きるための未来設計図を具体的に作ることを知る。	■前時の学習を振り返り，今日の学習課題を掴むことができたか。
考える・深める	2　自作資料「私は，私らしく」を読んで話し合い，価値の自覚を深める。 ①　熊田さんは，どうして美術学校に入ったのか。（KW：好き・得意・夢・向上心） ②　戦争で父や家財をすべて失った熊田さんが，昆虫画家になることを固く決心したのはなぜか。（KW：夢・自分らしさ・自信・希望） ③　熊田さんは，なぜ九十歳になっても虫の絵をかき続けたのか。（KW：生きがい・自己実現） ※「私は，私らしく最期まで自分らしく生きたい」 ④　「自分らしく生きる」とは，どのような意味なのかについて考える。	□映像で絵を見せる。 □未来設計図のモデルを意識して板書していく。 □美術学校に入る動機や，絶望の中，希望を見出して「自分らしく」生きていこうとする姿を押さえる。 □「自分らしさ」を伸ばし発揮して生きることが，人々の役に立ち賞賛され喜びとなることを押さえる。 （個性の伸長＝自己実現）
まとめる	3　テーマを振り返り，今日の学習を通して改めて気づいたことや考えたことをWSにまとめ発表し合う。	■「自分らしく」生きるには，それを主体的に伸ばし合っていくことの価値を理解する。
発展させる（事後）	4　一連の学習を振り返り，「自分らしく」生きるための未来設計図を完成させる。	□未来設計図を教室に掲示し実践力に繋げる。

授業の様子（◇）と課題の把握（◆）

◇さかなクンと熊田さんの生き方を比べ，共通点に目を向けさせたことで，自分の好きなことに継続して主体的に取り組んでいくことが，自分らしく生きることにつながることを理解できた。

◇自己への理解を深め，未来設計図を楽しみながら喜んで描いた。

◆単元のテーマのもとに，学習課題を設定して授業を行ったことで，児童自身が価値についての理解を深めることができた。時数，他教科等との関連，実践力の生かし方においては，工夫を要する。

④「個性の伸長」における今後の新たな授業デザインを考える

　以上，片岡氏の理論と押谷氏の指導方法を視野に，毎時間の授業の様子と課題を踏まえながら，試行錯誤を繰り返し，「個性の伸長」の授業作りに取り組んできた。今後は，以下の点を踏まえてさらなる「個性の伸長」の道徳の授業デザインに取り組んでいきたい。

新たな授業をデザインするうえで考えたいこと
（１）道徳的価値「個性の伸長」について教師が学ぶ
　今回の取り組みで最もむずかしかったのは，「個性の伸長」の道徳的価値に対する理解である。「個性とは何か」「自分らしさとは何か」「なぜそれを伸ばす必要があるのか」等について，まず教師自身が学ぶ必要がある。そして，それを基点に再度道徳の授業づくりを考えていく必要がある。
（２）児童の実態を把握し，それを踏まえて発達に照らした授業を行う
　少子化や核家族化，情報社会の進展等が児童に及ぼす影響は，教師の描く様相と異なっている。道徳的価値にかかわる児童の実態をよく踏まえて授業を構築し，児童自身がさまざまな面から価値について考えを深める授業を共につくっていくことが大切である。
（３）実践力を高めるための全教育活動と関連づけた意図的指導の充実
　キャリア教育や情報教育等，さまざまな教育がもち込まれ，限られた時間の中でいかに指導するかは大きな課題である。カリキュラムマネジメントの視点から教育活動全体を可視化して効果的に連動させ，総合単元的な道徳の授業を児童の実態や発達に応じて重点的に行い，統合的アプローチによって，子どもの道徳性やそれを促進する資質の育成を図る必要がある。
（４）子どもの主体性を育む内・外的な資質の涵養に社会全体で取り組む
　家庭や地域の教育力の低下が否めない現状下，学校教育への期待はより大きくなるが，やはりこと道徳性の育成は，児童の生活基盤である家庭や地域に負うところが大きい。よって児童の道徳性育成について共に学ぶとともに，各々が責任をもってそれぞれの役割を果たしていく必要がある。

第2章 実践編 小学校 10

道徳的価値の積み重ねを意識した道徳授業

船越一英

目標と方法

　一つの内容項目にはさまざまな道徳的価値の側面が内在している。これらを計画的・発展的にふれられるようにし，授業ではそれまでに考えてきた同じ内容項目の別の側面を想起しながら多面的・多角的に考えられるようにする。この積み重ねにより，身近な問題を自分なりに解決し，よりよい人間関係を形成するために行動する力を育んでいけると考える。

おすすめポイント

- 「資料は違うが考えたことは同じ」というマンネリから脱却できる。
- 児童たちが課題意識をもって授業に取り組める。
- 児童たちそれぞれが1時間の中で「学び」を得られる。

①授業の概要

　道徳の授業で積み重ねの重要性はよく聞かれる指摘である。ところが，その指摘は1時間1時間を着実に行うことで，児童たちの心に道徳的価値が積み重なるという旨の抽象的なものになりがちであり，積小為大といった発想であることが多い。もちろんそのような考えを否定するものではないが，計画的・発展的な指導になっていないと言わざるを得ない。

　では，計画的・発展的な指導という視点から考えた，道徳の授業の積み重ねとはどのようなものであろうか。それは，1つの道徳的価値に内在する多様な側面を，意図的に授業で取り上げていくことだと考える。意図がないまま積み重ねると，ある道徳的価値について同じような側面から繰り返し授業を行い，いわばわかりきっていることをひたすらなぞっていく授業になりがちである。そこで，その価値に含まれるさまざまな側面について，発展性を考慮に入れて意図的にふれさせていくのである。つまり，ある内容項目に含まれるさまざまな道徳的価値の側面について，6年間（あるいは少なくとも2年間の学年段階）を見通して計画的・発展的にふれさせるとともに，1時間の道徳の授業においては，それまでの道徳の授業で積み上げてきたその価値についての自分の考えを想起しながら，別の側面からその価値について考え，主体的に自己内対話を行っていくことができるようにする，ということである。

　そのためには，内容項目の縦の系統性を理解し，授業の導入にはその橋渡しとなる，いわば復習となるような発問が必要である。また，そこから引き出した本時の課題に正対する時間を展開の最後に設けることで，道徳的思考を習慣化させていくことにつながるようにするのである。

②授業計画

　授業を進めるに当たっては，まず内容項目別の指導計画が必要となる。

内容項目すべてについて作成するのはむずかしくても、例えば各校の重点項目だけでも作成すると、指導の積み重ねが図りやすい。以下は本稿で取り上げる「友情・信頼」の指導計画例である。

年	〈主題名〉・「資料名」・ねらい	積み重ねの工夫
第1学年	〈助け合うことの意義〉「くりのみ」　友達と仲よく助け合っていこうとする心情を育てる。	涙を流したときのきつねの思いを追体験することを通して、助け合う友達がいることの素晴らしさにふれ、自分も友達と助け合っていきたいという心情を育てる。
第1学年	〈どんな友達とも分け隔てなく〉「二わのことり」　友達と分け隔てなく仲よくしていこうとする判断力を育てる。	うぐいすの家にいながらも、やまがらのことが気になっているみそさざいの迷いを考えることで、友達と分け隔てなく仲よくしていこうとする気持ちをもって行動するための判断力を育てる。
第2学年	〈友達の気持ちを考えて〉「およげないりすさん」　友達と仲よく助け合いながら行動しようとする判断力を育てる。	りすを置いて島で遊んでいても、少しも楽しくないわけを考えることで、友達の気持ちを推し量りながら仲よく活動するためにはどのように判断していけばよいかを考える力を育てる。
第2学年	〈困っている友達に〉「ゆっきとやっち」　困っている友達の気持ちを考え、共に助け合おうとする意欲を育てる。	やっちの「先に行けよ。」という言葉を聞いたときのゆっきの迷いを考えることで、友達へのいたわりの気持ちをもち、仲良く助け合っていこうとする意欲を育てる。
第6学年	〈自分の思いに反して〉「知らない間の出来事」　友達と互いに高め合えるために大切なことは何かを判断し、友情を深めていくために行動しようとする態度を養う。	自分の軽率な行動が友達を傷つけてしまった出来事の後、みかがどう行動するかを考えることを通して、情報モラルにもふれながら、よりよい友達関係を築くために大切なことは何かを考え、友情を深めていこうとする態度を身につけていけるようにする。

この中から2年の授業実践を紹介していくことにする。

③本時の略案

主題名：友達の気持ちを考えて
資料名：「およげないりすさん」（文部科学省『わたしたちの道徳』）
ねらい：友達と仲よく助け合いながら行動しようとする判断力を育てる。
学習指導過程

第2章　実践編　小学校　10　道徳的価値の積み重ねを意識した道徳授業

	学習活動・主な発問	予想される児童の思い	○指導上の留意点　☆評価	資料
導入（4分）	1　友達とはどんな存在かを考える。 ・「友達」とは，どんな人でしょう。	・一緒に遊ぶ人。 ・一緒にいて楽しい人。 ・困ったときに助けてくれる人。	○これまでに培ってきた友達観を想起し，本時の課題意識へつなげられるようにする。 （積み重ねのポイント）	道徳ノート
	・友達ともっと仲よくなるには，どうすればよいかを考えていきましょう。			
展開（39分）	2　資料「およげないりすさん」を聞き，話し合う。			わたしたちの道徳
	①　りすに「一緒に連れていってね」と言われたとき，どんなことを思ったでしょう。	・連れて行くのは大変だな。 ・早く遊びたい。 ・りすさんとは，また遊べばいい。	○自分の気持ちを優先させてしまう気持ちに共感できるようにし，発問②での様子と対比できるようにする。	場面絵
	②　どうして遊んでいてもちっとも楽しくなかったのでしょう。	・りすさんがいないとつまらない。 ・りすさんに悪いことをしたから楽しめない。 ・やっぱりみんなで一緒に来ればよかった。	○りすがいないことで，どうして楽しめないのかを考えられるようにする。 ○りすの気持ちも考えることで，お互いが楽しめない状況になったことを再確認できるようにする。	場面絵
	補　そのときのりすさんの気持ちも考えてみましょう。	・置いていかれるとさびしい。 ・みんなと遊びたかったのに，つまらない。	☆かめたちの気づきを考えることを通して，自分の思いを優先させた判断が，どのような結果につながるかを考えることができたか。 （発言・うなずき・表情）	
	③　りすを乗せて島へ渡りながら，どんなことを考えていたでしょう。	・みんなだと楽しいな。 ・大変だけど，こっちのほうがいい。 ・これからもずっと一緒に遊ぼうね。	○りすを連れて行く大変さよりも，一緒に遊ぶ楽しさのほうを選択したかめたちの判断から，友達と仲よくするために何が大切なのか考えられるようにする。	場面絵
	3　今日の学習を踏まえ，ねらいとする価値について考える。 ・今日のお話から，友達ともっと仲よくなるためには，何が大切かを考えてみましょう。	・友達の気持ちも考える。 ・友達のためにできることをしてあげる。 ・みんなで，思っていることを話し合う。 （積み重ねのポイント）	○導入を振り返りながら，友達といまより仲よくなるための方策を，自分なりに新たに考えられるようにする。 ☆友達とより仲よくなるためには何が大切か，自分なりに考えることができたか。 （ノート・発言）	道徳ノート
終末（2分）	4　ねらいに関連した教師の説話（友達の気持ちも大切に行動しようと思うようになった体験）を聞く。		○児童の心に響かせ，余韻を残して終わるようにする。	

④指導の実際

（1）導入
　始めに，これまでに培ってきた自身の友達観を確認できるようにするため，友達とはどのような人かを聞いた。その後，児童から出た「ずっと一緒にいたい人」という意見を取り上げ，一緒にいればいまよりもっと仲よくなれるだろうかと発問したところ，うなずく児童や首をかしげる児童，首を横に振る児童など反応が割れた。そこですかさず，友達ともっと仲よくなるにはどんなことが大切なのかを考えていこうと投げかけ，課題意識をもって授業に取り組めるようにした。

（2）展開
　資料を考えていく際，黒板を1枚の場面絵に見立てて授業を展開していった。低学年の児童には視覚に訴えることも効果的であり，動物の表情などにも注目しながら，黒板をよく見て話し合いを行っていた。

　「一緒に連れていってね」と言われた場面では，自己中心的な考えはもちろん，「溺れたらかわいそうだからごめんね」といった一見友達思いな意見も，実は自分勝手な意見であることをとらえられるようにした。

　そして，ちっとも楽しくないのはなぜかを考える発問では，「りすさんがいないから」という意見で終わることなく，そこからさらに自分なりの友達観を深められるようにした。

T　りすさんがいないとどうして楽しくないのでしょう。
C　人数は多いほうが楽しいから。
T　でも，3人でも楽しめると考えたから来たのではないのですか。
C　かわいそうなことをした，と思いながら遊んでいても楽しめない。
C　それに，友達を置いてくるといういじわるをすると，心がモヤモヤすることに気づいたのだと思う。

　これらの意見には，大きなうなずきや「わかるなぁ」といったつぶやきが見られた。また，このときに置いていかれたりすの気持ちにもふれ，り

すを置いて自分たちだけで楽しもうと考えた判断が，双方とも楽しくないという結論に至ったことを押さえられるようにした。

その後，りすを乗せて島へ渡ろうとしているときの心の内を考えることを通して，友達とよりよい関係を築いていくうえで大切なことへの気づきを確認し，導入で問いかけた課題へと戻った。児童は「自分から優しくする」「相手のために何かしてあげる」「友達のためには我慢も必要」「友達だからこそ我慢できる」といった，これまでもっていた友達観を自分なりに磨いて道徳ノートに記入したり発表したりしていた。

(3) 終末

児童たちの学びを褒めた後，教師自身が友達のことを考えながら行動する大切さに気づいた体験をもとに，友達と助け合って行動することのすばらしさについて話し，授業を終わりにした。

(4) 授業後の活動

授業後に児童が家庭で書いてきた道徳ノートには，「○○さんにしてもらってうれしかったことを，今度は私がしてあげたいと思った。」「ケンカするときもあると思うけど，いつでも僕から遊ぼうと声をかけて，もっと仲よくなりたい。」といった，その子なりの思いが書かれていて，学びを日常生活に広げていこうとする意欲も読み取れた。

(5) 次時以降の「友情・信頼」の授業に向けて

本時で培った友達観から，次時の「ゆっきとやっち」を資料として扱った授業で「嫌な思いをさせられても，能動的に友達関係を築いていけるか」という課題を投げかけると，積み重ねの上に新たな学びへとつなげることができる。また，「友達のためにどこまで我慢できるか」，「そもそも友情で我慢と感じるのか」といった課題についても，以降の授業で意識化していくことで，友情について多面的・多角的に考える力を育んでいくのである。（詳しくは先に例示した指導計画を参照のこと。）

⑤まとめ

　本稿で取り上げた2年生の実践だけでなく，他学年で道徳の授業を行ったときにも，授業後に児童たちから「楽しかった」という感想をよく聞く。この，児童が道徳の授業を楽しかったと感じる大きな原因は，授業の上手さではないと考えている。もちろん，授業力は高いに越したことはないが，それよりも指導過程にこそ鍵が隠されているのではないだろうか。道徳の授業を意識的に積み重ね，1時間の授業の中でしっかりと課題意識をもって，それまでに培ってきた学びを駆使しながら新たな自分の考えを生み出したとき，児童はその授業を面白いと感じるのである。そして，その学びが自分の生活に役立つことを予感し，「また次の道徳の授業でも学びたい！」というさらなる意欲向上へとつながるのではないか。

　主人公の気持ちを追いかけただけで，結局この1時間で何を新しく学んだかがピンとこない授業にしないためにも，「資料は違うが考えたことは同じ」と児童が感じてしまう授業のマンネリから脱却するためにも，中・長期的な見通しをもって道徳の指導計画を練り直し，そこからこの1時間のねらいを明確にして授業に臨んでいきたい。そして，授業の中で教師も一緒にその価値について考え，児童たちと「楽しかった」と言える授業を増やしていくことができれば最高である。

⑥参考文献

・押谷由夫監修『道徳で学校・学級を変える——実践事例から学ぶ新しい道徳教育の展開　小学校』日本文教出版，2010年
・柳沼良太『「生きる力」を育む道徳教育——デューイ教育思想の継承と発展』慶應義塾大学出版会，2012年
・文部科学省『「私たちの道徳」小学校　活用のための指導資料』2014年

⑦積み重ねを補完する道徳ノートについて

　本時案や指導の実際でもふれてきたが，児童の主体的な学びの積み重ねという点を考えると，いわゆる「道徳ノート」の活用が必要である。児童がこれまでに考えてきたことを，自身でも想起しやすくするためには，1時間1時間の授業においてどのようなことを考えたのかを記録として残し，目に見える形でつないでいかなければならない。これによって児童側からも授業の積み重ねが意識化されると考える。また，道徳科と日常生活や家庭とをつなぎ，実践へと結びつけるためにも有効である。

　具体的には，板書やその時間の課題意識に対する自分の考えを授業時間内に記入する。低学年では板書を書くのは無理があるので，自分の考えだけを記入させ，板書は授業後に印刷して配り，貼らせるという方法もある。また，高学年では最低限書くことを決めて，あとは自由に自分の考えや友達の意見を書かせるなど，ある程度自由に使わせると効果的である。

　そして，家庭でもう一度じっくり自分の考えを振り返り，つけ足しや修正などを記入してくる。その際，低・中学年は保護者と一緒に話し合い，コメントも書いてもらうと学びにより深まりが出てくるであろう。

　さらに，同じ道徳的価値について学びを深めるときに見返すのはもちろん，日常生活において関連した出来事があったときの気持ちや考えなどをつけ足して書き留めさせていくと，授業が実践に結びついていく。

　これらはあくまで実践例であり，こうでなければならないというものではない。この例を参考にして，道徳科での学びの積み重ねが児童にも意識されるような，道徳ノートの活用方法を工夫してもらえればよい。

本実践での道徳ノート例

第2章 実践編 小学校 11

低学年における問題解決的な道徳学習の工夫
——道徳的価値の理解をいっそう深め自己を見つめるために

坂本哲彦

目標と方法

提示された教材の中に見られる問題点について、観点を定めて検討する活動を通して、自らの道徳的価値の理解を深め、それに照らしながら、現在の自分の有り様を見つめる能力を育てることを目標とする。

はじめに、全員で問題点を検討するモデル的な活動を行い、その後、自分が最も関心をもっている場面を選択し、問題解決的な学習を行う。

おすすめポイント

・教材の最初の場面をとらえ、2観点検討および自己を見つめるモデル的活動を行うことで、全員参加の学習を保障する。
・他の3場面の中から、各子どもが関心の高い場面を選択し、同様の活動を行うことで、道徳的価値理解と自己を見つめる思考を活性化する。
・わがままのもつ3つの不十分さをとらえさせ、道徳的価値理解を深める。

①授業の概要

ア 教材：「るっぺどうしたの」（文部科学省『わたしたちの道徳』所収）

4場面から構成されている読み物教材である。粗筋は以下のようである。

（1）目覚まし時計で起きられず，毎朝お母さんに起こされてもなかなか目を覚ますことができないるっぺ。（2）ようやく家を出て，友達の待つ場所に行くものの，靴のかかとを踏んだままきちんと履けていない。（3）友達に注意されたことで，るっぺは，仕方なく靴を直そうとするも，下を向いた勢いで，ランドセルの中からいろいろなものが飛び出してきた。（4）学校の休み時間に，るっぺは，何が気に入らないのか頬を膨らませたまま，砂場の砂を投げていた。「砂が目に入ったら，どうするの。やめて。」とみんなに注意されるが，「いやだね。」と言ったとき，砂が目に入った友達は，目を押さえてしゃがんでしまった。

（2）と（3）は同じ場面として描かれているが，2つの行為が入っているため，挿絵もそれに対応して2つ別々になっている。4ページの教材である。

この教材を内容項目との対応で読むと，（1）が健康に気をつけること，および規則正しい生活をすること，（2）（3）が物を大切にすることおよび身の回りを整えること，（4）が安全に気をつけること，に関係しており，全体としてわがままをしないことを強く促す内容となっている。

イ 子どもの実態

入学して半年，9月末に運動会を終え，集団できまり正しく行動したり，友達とめあてを共有し協力して学習や運動ができるようになった。

節度，節制の観点から見ると，授業や休み時間，給食，掃除などにおいて健康や安全に気をつけ，規則正しい学校生活を送っている。また，机やロッカーの中等を整頓し，物を大切にするなどの態度も定着してきた。

一方で，学校生活に慣れたことなどから，これまできまり正しくできていた行動が疎かになってきたり，つい自分のわがままが出たりすることも

見られる。個人差があるものの，一般的には，やらなければならないとわかっていてもしない，できない面が見受けられる時期とも言える。

このような折りに，改めて，節度，節制という道徳的価値についてとらえ直し，自己を見つめることは，時宜にかなっている。

ウ　授業の目標

るっぺの行動のどこが悪いのか，どうしたらいいのかの2観点について話し合うことを通して，わがままには主として3つの悪い点（自分が困る，物が傷む，他人に迷惑をかける）があることに気づき，そのことから自分を振り返ることで，わがままをしないで規則正しい生活をしようとする態度を養う。

エ　具体的な方法

- 展開に時間を確保するため，導入は短くし，すぐに教材提示を行う。
- 教材の読み聞かせは，教師によるゆっくりとした範読として行い，場面絵を黒板に貼付しながら，子どものつぶやきを広げ，場面ごとの内容理解や子ども自身との対比等を促す。
- 1場面の検討を全員で行い，学び方を共通理解させ，全員参加の授業を保障する。
- 2，3，4場面については，最も自分の興味・関心がある場面を選択させ，各自の関心に応じた問題解決的な学習を仕組む。
- それぞれの場面で，るっぺと自分とを対比させ，自己を見つめさせる。
- 終末において，この授業でわかったことを一文にまとめさせ，価値理解を深めるとともに，再度，自己を見つめる時間を確保する。

②授業計画

- 授業前1週間程度，『わたしたちの道徳』P.15を使って，家での整理整頓について振り返りをしておく。
- 授業後，しばらく期間を空けて，同書 P.20～21を読む活動を仕組む。

③本時の略案

学習活動・学習内容	指導上の留意点
1　教材名を聞き，めあてを知る。 ・教材名「るっぺどうしたの」 ・わがままについて考えること	○教材名を板書し，わがままについて考えるというめあてを知らせる。 ○感想をつぶやかせ，関心を高める。
2　教材文を聞き，1場面のるっぺのわがままについて話し合う。 ・話し合いの2観点 ・自分で起きないこと，早起きできる生活の工夫をすること ・自分の生活の振り返り	○2観点として，「その行動がいけない理由」と「どのようにすればよいか」を知らせ，二人組で交流させ，全員参加を保障する。 ○2観点に沿って発表させ，価値理解を深めさせるとともに，「あなたはどうですか」と問い返して小刻みな振り返りを促す。
3　2～4場面から1つを選び，そのわがままについてワークシートに書き，隣の人と意見交換する。 ・関心の高い場面を選択すること ・2観点からの自分なりの検討 ・友達と意見交換すること ・わがままの3内容 ・3内容に応じた自分の生活の振り返り	○ネームカードを黒板に貼付することで，選択を明確化し，2の活動を繰り返すようにしてワークシートに考えを書かせる。 ○自分の関心に応じて，同じ思考を繰り返させることで，自分なりの問題解決的な学習を保障し，わがままについての理解および自分の振り返りを深化させる。 ○わがままの3内容とは，「自分が困る，物を傷める，他人が迷惑する」である。
4　わかったこと，感じたことを一文で表すとともに，再度自分の生活の振り返りをする。 ・わがままをしないで生活することのよさ，わがままの不十分さ ・自己の振り返り ・今後の気持ち	○わかったことなどを一文に表すことで，道徳的価値の理解を明確にさせる。 ○その一文をものさしにして，現在の自分を見つめさせる。 ○一文および現在の自分，今後への思いや課題について，隣の友達と意見交換をさせることで，学習のまとめとする。

④指導の実際

1　導入「教材名を聞き，めあてを知る」

　道徳科においては，これまで以上に「学習のめあて」が重要となってくる。他教科に比べて，教師が提示することが多いが，特に低学年の場合は，ほとんどが教師による。本時は，「わがままについて考えよう」である。

　つぶやきを促し，必要に応じて，全体に広げながら，すぐに教材名を提示して，「るっぺって，いったいどうしたのだろうか」と興味を高める。

2　展開前半「教材を聞き，1場面のわがままについて話し合う」

　1年生なので，教材提示をていねいに行う。①場面絵を示し，黒板に貼付する。②場面に応じた文章を教師がゆっくりと読む。③場面のキーワードを板書しながら読む。④子どものつぶやきを促す。例えば，「るっぺって，だらしないねえ」「自分で起きることができないんだね」「毎日，こんなんじゃ情けないよねえ」などを全体に広げる，などが重要である。特に，1年生は，つぶやきが好きだし，友達のつぶやきに反応して，さらに教材の内容に入り込んでいく傾向が高い。自由に自分の思いが出し合えるような雰囲気作りが欠かせない。

　また，後の活動に資するように，教師も「どうして，よくないのかなあ」「どうしたらいいんだろうか」「みんなはできているかな」などと言いながら読み聞かせる。

　全体を読み聞かせたら，1の場面に注目させる。そして，右のように，「るっぺがいけない理由」と「どうしたらいいのか」の2観点を示し，思考を方向づける。道徳的価値の理

解を確かにするためである。

　低学年でも，また，中学年や高学年ではさらに，多面的・多角的な検討は広がる。例えば，相手である「母親や友達のぴょんたくんは，どう感じているだろうか」や「るっぺはどんな気持ちなのだろうか」などである。

　書く活動は行わず，二人組で2観点からの意見交換をさせた。自分の考えを人に伝え，人の意見を聞くことは，自らの考えを明確にするうえで有効である。

　また，二人組での活動は，もれなく全員の活動を保障できるよさがある。頻繁に二人組の活動を仕組むことは，今後の道徳科授業でいっそう重要視される。

　全体での発表では，その意見が2観点のどちらなのか明確にしながら，色を変え黒板上に整理した。

　「学校に遅れる」というのが，後のわがままの3内容の一つ「自分が困る」に該当するものである。また，「寝たふりをしている」というのは，教材理解上は適切とは言えないものの，「これほどしてもらっても起きられないのは，きっとわざとだ」という解釈が成り立つ子どもがいるのは理解できる。

　「夜遊ばない」「早寝する」というのは，日ごろから子どもたちが気をつけていることであろう。

　発表が終わったところで，「皆さんは，1人で起きることができていますか。」と問いかけ，自分の生活の1回目の振り返りの時間を確保した。

3　展開後半「2～4場面から1つを選び，ワークシートに書く」

　教材の場面ごとに立ち止まって，検討する授業は，平板になりがちで，子どもの学習意欲が停滞し，時間確保

のうえでも課題がある。

　そこで，今回は，子ども自身が考えてみたいという場面を選択する学習とした。1年生でも場面選択の授業は可能である。しかし，それを確実にするために，2の展開前半で全員が同じ活動をするようにし，同観点で，各自が繰り返す活動とした。また，どの場面を考えるかの決定が曖昧になることや決定に時間がかかることを防ぐため，ネームカードを黒板の場面絵の下に貼付させることとした。

　ずっと座っておくことが苦手な子どもにとって，席を離れて活動することが学習の継続を促すことにもつながるはずである。

　書く活動を仕組み，後で，教師による評価が可能になるようにした。

　発問は「いけない理由とどうしたらいいのかをるっぺに教えよう。」である。

　全体発表は，各場面から2，3名ずつ。その場面を選択していない子どもにもわかるようにすることが目的である。

　その後，本時の道徳的価値理解の深化である。「〇場面のわがままでは，誰が困るの？　だれに迷惑なの？」などと問い返し，わがままの3内容を板書上に示した。

　「これからは，同じわがままでもどう違うのか考えられる人になれるといいですね。」と展開後半をまとめた。

4　まとめ「一文で表し，再度自分の生活の振り返りをする」

　道徳科の授業では，道徳的価値の理解がいっそう重要になってくる。そのため，まとめの学習で，自分の生活の振り返りをする前に，「わかったこと，考えたことを一文で書く。」活動を行うことが重要である。中，高学年なら「①わかったこと　②その理由　③自分はどう

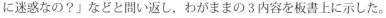

か」などのように3文で表すようにすることも可能となる。

ほとんどの子どもは、展開後半の「わがままの3内容」に関することを書いていた。それらをもとに、自分の生活の振り返りを再度行わせ、二人組で交流させた。高学年に比べると抵抗感が少なくできる。

⑤まとめ

道徳科ではこれまでどおり、いや、それ以上に自分を見つめることを大切にする。そのためにも、その授業で何を学んだかを明確にし、それをものさしにして、自分の有り様や今後を検討することが重要となる。

例えば、今回の授業のように、自分の関心を元に、場面選択の学習を仕組んだり、一文で学びをまとめさせたりすることが効果的な場合がある。

道徳的価値の理解をわがままの3内容に焦点化し、二人組による意見交流で共有化する仕組みは、今後さらに重要となるはずである。

⑥文献

・拙著『自己評価観点から自己を見つめる発問のあり方』学事出版
・拙著『道徳授業のユニバーサルデザイン』東洋館出版社

⑦教材・ワークシート

ア　教材
「るっぺどうしたの」『わたしたちの道徳　小学校一・二年』(文部科学省)
イ　ワークシート（一例）
　右参照

第2章 実践編 小学校 12

人間関係を築く資質・能力を育む問題解決型道徳授業

大藏純子

目標と方法

　人と人とのかかわりが希薄化していると言われる現在，現実から逃避し自己の考えに閉じこもりがちな児童の問題が指摘されている。そこで，日常の体験を想起し実感を深めやすい教材を開発し，児童自らが話し合いを作っていけるように授業展開を工夫することで，人間関係を築く資質・能力を向上させたいと考えた。

おすすめポイント

・一人一人が自分だったらどうするかを主体的に思考しながら交流するため話し合いが活発化し，仲間のさまざまな考えを聞きながら自己の道徳性をより深めることができる。
・日常生活で直面しやすい道徳的問題を取り上げ，仲間とともに問題解決することで，自己肯定感や道徳的実践意欲を向上させる。

①授業の概要

1年「みほちゃんとますだくん」

　低学年では道徳性の育成が重要視されるため，動物を主人公にした温かい心を扱った資料が数多くある。しかし，価値観の多様化が進む現在，児童を取り巻く仲間環境はより複雑になっている。そこで，児童と同じ小学1年生が主人公である絵本を基に道徳的な行為について考えさせることで，人間関係を築く資質や能力を向上させたい。

　みほちゃんとますだくんが心の中で思っていたことは，ずいぶん違っていたということがわかるこのお話から，相手の思いを聞いて相手と自分の両方を大切にすることのすばらしさに気づかせる。さらに，日常の生活に生かしていこうとする実践意欲も高めたい。

②授業計画

事前	児童が，休み時間やグループ活動をするときに，どのような行動をとるかについて，継続的に観察する。特に，仲間とのかかわりの中でトラブルが起きたときに①Win-Win②Win-Lose③Lose-Win④Lose-Loseのどの方法で解決する傾向があるかをつかんでおく。
本時	『となりのせきのますだくん』等の絵本を資料として取り扱う。 　始めはみほちゃんの視点【資料1】から，次にますだくんの視点【資料2】から，同じ事象について考え意見を交流する。 　その後，これから2人が仲よくするための方法について考えを出し合い交流する問題解決型の道徳授業を行う。
事後	自他が幸福になれる関係（Win-Win）を大切にしようという目標を設定し，数日間重点的に取り組み，帰りの会で振り返る。 　日ごろ，自己中心的で乱暴な言動を取る児童が，相手の気持ちや立場を配慮して行動できた場面を教師が見つけて意図的に価値づける。そのときの気持ちを児童に語らせて，適切な言動を取ったときの充実感や自己の成長を感じることができるようにする。

③本時の略案

	学習活動と内容	教師の指導援助と留意点
気づく	1 本時話し合うテーマについて知る。 ○友達とけんかをしたり，嫌な気持ちになったりしたことはありますか？ 今日は友達と仲よくする方法についてみんなで考えましょう。	・本時の学習課題を理解し，解決方法を考えていこうという意欲が高まるよう，児童のつぶやきを共感的に受け止める。
深める	2 資料1を聞いて話し合う。 ① みほちゃんは，どんなことが嫌なのでしょうか。 　・いじわるを言われる 　・たたかれる 　・イスをけられる　など ② そんなみほちゃんをどう思いますか。みほちゃんはますだくんにどうしてやめさせないのでしょうか？ 3 資料2について話し合う。 ① 2人の言い分の違いに気づく。 ② 言動の根拠を知りますだくんが誤解されていることに気づく。 ③ 行動が正しくなかったときには，どうすればよいかを考える。 4 これから2人が仲よくするための方法を考える。 ・ますだくん→えんぴつのことはちゃんとあやまる　など ・みほちゃん→自分の気持ちをきちんと伝える　など	・場面の状況を正しくつかみ，みほちゃんの困り感を理解できるようにする。 ・やめてほしい思いはあっても，それを伝えられない状況に気づかせる。 ・同じ事象でもとらえ方が違うことに気づかせると同時に，より良い仲間とのかかわり方について具体的に考えさせる。
見つめる	5 自分も相手も大切にすることができた経験について振り返る。 ・相手を優先して，自分は嫌な気持ちを我慢したことがある。 ・休み時間にけんかになったときに，自分も相手も納得する方法を考えることができた。	・これまでの自分を振り返り，自己を見つめさせる。 ・これからの生活のめあて「自他が幸福になれる関係（Win-Win）を大切にしよう」を明らかにする。

④指導の実際

　みほちゃんは，算数や給食や体育が苦手なちょっと頼りない女の子。一方ますだくんは，学校が大好きな活発な男の子。2人とも良い子であるが自分の思いをきちんと伝えられず，2人の関係はギクシャクしていた。

　ますだくんはみほちゃんのことが気になって仕方ないのだが，みほちゃんにとって，乱暴なますだくんは怪獣にしか見えない。

　まずは，みほちゃんの視点で描かれた『となりのせきのますだくん』を部分的に抜粋して読み聞かせた。

【資料１】
あたし　きょう　がっこうへ　いけないきがする。
だって　あたまが　いたい　きがする。
おなかが　いたい　きがする。
ねつが　あるような　きがする。（中略）
となりのせきのますだくんは　つくえにせんをひいて
ここからでたらぶつぞってにらむの。
けしごむのかすが　はみだしたら　いすをけるの。（中略）
きのう　かえりのじかんにけんかした。
おたんじょうびにもらったピンクのえんぴつ　きにいってたのに
ますだくん　おっちゃった。
けしごむなげたら　びっくりしてた。それから　にらんでた。
あわててかえったけど　きょうがっこうへいったら　あたしぶたれるんだ。
やだな

T　みほちゃんは，どんなことが嫌なのでしょう？
C　にらまれることが嫌。　　C　いすをけられるのも嫌。
C　こわいところが嫌。　　　C　ぶつぞって言われたらこわい。
C　えんぴつをおられたことは，とても悲しくて嫌だと思う。
T　そんなみほちゃんのことをどう思いますか？
C　ますだくんに，いろんないじわるをされてかわいそう！（口々に）

T だったら,やめさせればいいよね?(問い返し)
C 仕返しされるから,こわくて言えないよ。
C 先生に言っても,言いつけたなって怒ってきそうだし…

　話し合いをすることにより,みほちゃんの心の中の2つの気持ちが明らかになった。

　そこで今度は,ますだくんの視点で描かれた『ますだくんの1ねんせい日記』を提示した。実際の授業では原文を読み聞かせたが,長くなるためここでは概要を示す。

【資料2①】
　給食室で,クリームシチューに苦手なタマネギが入っていたのを見たみほちゃんは,家に帰ろうとした。みほちゃんは時々信じられないことをする。
　「待てよ!学校から勝手に帰っちゃいけないんだよ。待てったら」と,ぼくがみほちゃんの腕をつかむと,みんなが「先生,ますだくんがまたみほちゃんをいじめています」と言った。
　なんでこうなるんだ。ぼくは正しいことをしているだけなのに…

T ここからどんなことがわかりますか?
C ますだくんは,みほちゃんをいじめようとは思っていない。
C みほちゃんが帰ろうとしたから,止めていただけ。
C でも,みんなにいじめてると言われちゃって,ちょっとかわいそう……。

　話し合いを通して,ますだくんにも言い分があることがわかった。しかもその言い分は本人に聞いてみないとわからないこともあるということにも気づくことができた。さらに次の資料を提示して考えを深める。

【資料2②】
　今日もみほちゃんは体育でボール投げができなかった。だから放課後練習することにした。せっかく親切に誘ってあげたのに,みほちゃんは逃げた。
　だから次の日,ぼくは少しいじわるな気分だった。
　「おまえはよく教科書わすれるからな,おれの陣地を広げたの。見せてやるからここから出るなよ!」って,みほちゃんの机に線を引いた。

T どうですか?
C みほちゃんにボール投げを教えてあげるますだくんは,優しい。でも,放課後に練習することを勝手に決めているのは良くない。
C みほちゃんは,運動が嫌いだから帰っちゃったよね!
C だまって帰ったら,ますだくん怒るよ。でも,みほちゃんは練習はいやだって言えないよね……。
C 次の日ますだくんが意地悪だった気持ち,ぼくはわかるよ。
C それで,よく忘れ物をするみほちゃんをますだくんは怒ったんだね。

ますだくん…勝手に決めた(行為)△
　　　　　　自分ではいいことをしたと思っている(心情)
みほちゃん…黙って帰った(行為)△
　　　　　　練習をしたくないと思っている(心情)

【資料2③】
　誕生日の次の日,みほちゃんはご機嫌だった。
　ピンクのえんぴつがぼくの机に転がってきた。ほんとうは拾って返すつもりだったけど,みほちゃんの泣きそうな顔を見たらなんだかいじわるをしたくなってきた。「なんだよ。こんなもん」と投げたら,ちょうど教室に入ってきた子に踏まれて,えんぴつは折れてしまった。
　みほちゃんはぼくにけしごむを投げつけて,泣いた。
　どうしよう……。ぼくはどうしたらいいんだろう……。

T この場面はどうですか?
C ますだくんは,ちょっとみほちゃんをいじめようと思ってえんぴつを投げちゃった。これはダメ!(賛成多数)
T ますだくんは,えんぴつをわざと折ったの?(問い返し)
C そうではない。でも踏まれて折れたのはますだくんのせい。
T ますだくんはどうしたらいいんだろうね……? 2人はいまのままで良いのかな? どうすれば仲よくなれるのでしょう。
　このような道徳的課題をみんなで解決していく学習(問題解決型の道徳

授業）は，児童の思考や発言意欲を急激に高める。道徳的課題の正解は1つではない。一人一人の経験や体験を基にそれを生かしながらみんなでより良い解決方法を模索していくのである。児童は自分なりの根拠に基づき意見を述べて一生懸命道徳的課題を解決しようとする。仲間の発言に賛成したり，反対意見を出したりしながら自分の考えを明らかにしていくことは，自分の生き方を思考し続けることに繋がる。下の図は，児童が考えた解決策である。

仲よくするために，
これから2人はどうすればよいでしょうか。

ますだくん
①えんぴつをおってしまったことは，ちゃんと謝らないといけない。
②みほちゃんがいつもどんな気持ちでいるのかを聞いて，優しく話しかけるといい。

みほちゃん
①ますだくんがどんな思いで行動しているのかをよく聞く。
②「やめてほしい」「練習はしたくない」など自分の気持ちをきちんと言えるようにする。

　児童は本時の学習を通して，同じ事象でもそれをどうとらえ，どう行動するかは人によって違うことを学んだ。日常生活で起こる自分たちのけんかやもめごとも，とらえ方（感じ方）や行動の仕方の違いが原因になっていることを良く理解した。
　友達と適切で良好な関係を保つには，相手の言い分に耳を傾ける優しさが必要なこと，そのうえで自分も相手も両方を大切にできる方法を考えて行動することについて，具体的に考えることができたと言える。さらに「自分の考えはきちんと伝える」というアサーションスキルや「正しくな

いことをしたときにはきちんと謝る」というソーシャルスキルの重要性にも児童は気づくことができた。

終末では，一人一人の児童が本時の価値に照らして自己を振り返った。

> A　児童クラブで友達とけんかになったことがあります。始めは我慢しておもちゃを譲ったけれど，やっぱり私も使いたいから，「順番を決めて交代で使おう」と言いました。そうしたら，友達もわかってくれて，2人で仲よく遊べました。嬉しかったです。
> B　僕もいままではけんかになりそうになると我慢をしていました。けれど，思っていることはちゃんと言わないと相手に伝わらないことがわかりました。
> C　私は，友達に強く言っちゃうことがあるから気をつけたいと思いました。みほちゃんのように思っていても言えないこともあるから，相手のことをよく見たり話を聞いたりしたいです。

⑤まとめ

本実践は，人とのかかわり方について上から教え込むのではなく，主人公の失敗を通して，人と良好かつ適切にかかわる方法について児童自らが解決方法を考察することができたという実践である。本時のような問題解決型の道徳授業は，授業終末に心地よい充実感と，人生を切り拓いていく希望と勇気を与えてくれる。このような実践を積み重ねるためには，児童理解，授業方法の工夫，珠玉の資料を開発することの3つが欠かせないであろう。

⑥参考文献

・武田美穂『となりのせきのますだくん』ポプラ社，1991年
・武田美穂『ますだくんの1ねんせい日記』ポプラ社，1996年
・柳沼良太『問題解決型の道徳授業』明治図書，2006年
・柳沼良太『「生きる力」を育む道徳教育』慶應義塾大学出版会，2012年

第2章 実践編 小学校 13

「魅力的な人物との出会い」の演出・対比を生かした道徳授業

渡邉泰治

目標と方法

急速に変化し続ける現代,子どもたちの理想となるべき大人たちの多くは,日々の多忙な生活の中で人生の価値や目的を見失いがちである。

理想となる「魅力的な人物との出会い」の演出と子どもたち自身との対比を通して,自らの現在や将来を見つめさせる。自らの生き方や人生の意味を考えさせ,目標や人生を設計,実践する能力を育てる授業である。

← MAZDA ロータリーエンジンと1991年ル・マン耐久レースでの優勝

開発リーダー 山本健一さんから小中学生へのメッセージ

おすすめポイント

・故郷を愛する開発者たちが,度重なる苦難に負けず挑戦し続ける姿が,子どもたちに大きな感動を与え,強い実践意欲をもたせること。
・DVDやコミック,HPなど,提示できる映像資料が豊富なこと。

①授業の概要（2時間）〈関連する内容項目1(2)，4(7)〉

　原爆で廃墟となったふるさとの復興を願い，挑戦を続けた人々の生き方を学ぶことを通して，目標に向かって努力する意欲，将来への夢をもって生きる意欲，故郷を大切にする意欲をもつ。

②授業計画

　「魅力的な人物との出会い」の演出・対比のために，以下の手立てを講じる。

1時	①　子どもたちの「なぜ」「知りたい」を引き出す導入 　導入では，子どもたちに知っている有名メーカーを列挙させた後，それらのメーカーに勝ち，世界一となった日本車があったことを知らせる。また，原爆で廃墟となった広島の写真を提示，車を作った会社が広島で誕生したという事実を告げる。相反する「世界一の自動車」「廃墟の街」という事実提示で，子どもたちの「なぜ」「知りたい」を引き出す。 ②　映像を使ったわかりやすい資料提示 　展開では，DVDを視聴し，わかりやすく臨場感のある資料提示を行う。
2時	③　登場人物との相似点・相違点を探すためのグループワーク 　展開後半では，登場する開発者たちと子どもたちの相似点・相違点をグループごとに考える。相違点だけでなく，「やけになったことがある」「あきらめかけた」という相似点も見つける対比を通して，登場人物に共感を覚え，子どもたちも自らの可能性に気づくことができる。 ④　子どもたちの実践意欲を高めるメッセージ色紙の提示 　終末では，開発者の山本健一さんからいただいた「飽くなき挑戦」の色紙と写真を提示，子どもたちの実践意欲を高める。
事後	⑤　授業アンケートと感想 　ねらった価値の理解と実践意欲の評価として行う。

③本時の略案

	教師の主な発問〈時間〉	資料，留意点等
1時（60分）	T₁ 世界の有名なスポーツカーを知っていますか。〈3分〉 ・ポルシェ ・ベンツ ・フェラーリ ・ジャガーなど T₂ ここはどこでしょう。（「広島」「原爆ドーム」の声を受け）この廃墟から，世界の名車に勝つ車，夢のエンジンが誕生するのです。今日は，DVDを見ながら，奇跡の車，エンジンについて学びましょう。〈14分〉 ・信じられない。 ・どんな車（エンジン）かなあ。 ・早く知りたい。 T₃ 不真面目な山本さんが，なぜ真剣に変わったのでしょう。〈7分〉 ・馬鹿にしていた三輪トラックが街づくりに活躍するのを見たから。 ・復興のために必死に働く人々を見たから。（↔逃げている自分） ・故郷広島のために役立とうと思ったから。（↔役立っていない自分） ・母親の気持ちに気づいたから。（↔自暴自棄・飲んだくれの自分） T₄ ふるさと広島の復興を誓った山本さんですが，エンジン誕生まで数多くの苦難が待ち受けていました。続きを見てみましょう。〈36分〉 ・困難の数々だ。 ・最後まであきらめなかった。 ・できてよかった。	① 有名メーカーのスポーツカー写真（雑誌） ② 廃墟の広島の写真 ※写真は大型TVにプレゼンソフトで提示。 ③ DVD前半12分（原爆投下～山本さんが立ち直るまで） ④ ワークシート（表面） ・ペアで意見交換後，クラス全体に発表 ⑤ DVD後半33分（エンジン完成まで） ⑥ エンジンの写真
2時（30分）	T₁ 開発者たちと自分たちの相似点（★），相違点（☆）を考えて班ごとにまとめ，みんなで話し合いましょう。〈20分〉 ★あきらめかけた経験 ☆あきらめない強い心・挑戦する心 ★多くの失敗経験 ☆励まし，勇気づけてくれる仲間 ★家族や故郷への愛 ☆仲間と力を合わせたこと☆数えきれない多くの失敗・比べられないような深い悲しみ T₂ 苦難の末，完成したエンジンは「広島の奇跡」と呼ばれました。そして，さらに大きな試練を乗り越え，世界一になったのです。〈8分〉 ・広島の人に希望を与えた。 ・みんなの力だ。 ・挑戦って大事だ。 T₃ 最後に，皆さんへ届いたメッセージを紹介します。〈2分〉 ・これからはあきらめないで挑戦だ。 ・故郷や仲間を大事にしよう。	① ワークシート（裏面） ・各自3分間考えた後，4～5人のグループで意見交換。代表がまとめて全体に紹介。 ② 読み物資料 ※印刷して各自に配付 ③ 優勝時のレース写真 ④ 山本さんからの色紙 ⑤ ワークシート（裏面）（アンケート・感想）

④指導の実際

第1時 60分　※資料 DVD の内容は後載

（1）世界の有名なスポーツカーを知っていますか。〈3分〉

　ポルシェやベンツ，フェラーリ等，次々と男子が発表した。

（2）〈原爆で廃墟の写真（広島）を提示後〉この廃墟となった広島から世界の名車にレースで勝つ車・夢のエンジンが誕生します。〈14分〉

　「え〜。」「嘘だ。」と口々に子どもたち。子どもたちは，一気に授業に引き込まれた。ここで，「廃墟の人々に希望を与えた車を作った人々から学びましょう。」と呼びかけ，DVD（前半12分）を視聴した。

（3）不真面目な山本さんが，なぜ真剣に変わったのでしょう。〈7分〉

　子どもたちは，ペアで意見交換した後，次のような理由をあげた。

・自分たちの会社で作った三輪トラックが活躍するのを見たから。
・酒浸りの自分と違う，復興のために必死に働く人々を見たから。
・自分は元気なのだから，故郷広島のために役立とうと思った。
・逃げてばかりいる自分に気づいたから。

（4）ふるさと広島の復興を誓った山本さんですが，エンジン誕生までは，この後，数多くの苦難が待ち受けていました。〈36分〉

　DVD の残り（実用化までの苦難33分）を視聴しながら，子どもたちはワークシートに心に残ったことをメモした。

第2時 30分

（1）エンジンの開発者たちと自分たちの相似点・相違点を考えて班ごとにまとめ，クラスのみんなで話し合いましょう。〈20分〉

　子どもたち各自が3分間考えた後，4〜5人のグループで活発に意見交換し，代表がクラス全員に紹介した。DVD に登場した開発者たちと自分たちについて，多くの相違点と相似点を見つけることができた。

	相似点	相違点
ア	やけになっていた。	オ とても悲しい経験がある(家族を亡くした)。
イ	あきらめてやめようと思った。	カ 苦しくてもあきらめなかった(強い心)。
ウ	頑張ってもできなかった。	キ 励まし,勇気づけてくれる人がいた。
エ	家族や故郷を愛している。	ク できると信じて仲間と力を合わせた。
		ケ 多くのチャレンジや工夫があった。

※エを相違点として,カキを相似点としてあげた子どもたちもいた。

（2）苦難の末,完成したエンジンは「広島の奇跡」と呼ばれました。そして,さらに大きな試練を乗り越え,世界一になったのです。〈8分〉

読み物資料を読み,「石油ショックによる大量の売れ残り」「一位どころか予選敗退」など,解説を加えながら,その後も数々の苦難があったことを説明した。そして,それを乗り越え,自動車耐久レースの最高峰「ル・マン24」で世界1を獲得したことを伝え,優勝した際のレース写真を見せた。あちこちから,「すごい。」「よかった。」という子どもたちの呟きが聞こえ,中には涙ぐむ子もいた。

（3）最後に,皆さんに届いたメッセージを紹介します。〈2分〉

開発リーダー山本健一さんからの子どもたちへのメッセージ「飽くなき挑戦」を直筆の色紙を見せながら紹介すると,サプライズでのメッセージに歓声があがった。（色紙は筆者が依頼し,全国の小中学生へ向けた授業で使用する許可を得た。同じ文字が広島のテストコースにある石碑に刻まれ,いまも技術者たちの合言葉となっている。）

⑤まとめ

授業後,次の4項目について,4尺度（「よく当てはまる」「まあまあ当てはまる」,「あまり当てはまらない」「当てはまらない」）アンケートを実施した。結果は,①～④すべての項目で肯定的評価が95％以上だった。

① 故郷を愛する人々の気持ちがわかりましたか。

② 工夫や努力の大切さがわかりましたか。
③ これから、故郷を大事にしたいと思いましたか。
④ すぐにあきらめず努力や工夫をしたいと思いましたか。

また、子どもたちは、次のように感想を書いた。

> 　今日の授業で、いろんなことを感じました。エンジンを開発するまでに、たくさんの人がかかわっているんだということもわかりました。
> 　一つのことをするにしても、仲間と協力してやれば、きっと次が見えてくるんだなあと思いました。いちばん心に残っているのは、松田社長が、開発をあきらめようとしていた山本さんに言った言葉「これを開発できるのは、ふるさとを愛する君しかいないんだ。」です。この言葉は、山本さんを変えた一言だと思います。
> 　これをきっかけに、開発を再開した山本さん。次々と出てくる問題。でも、決してあきらめなかったチームのみんな。「あきらめない!!」という強い気持ちが世界の頂点への鍵だったんだと思います。やっぱり、何事も「あきらめない!!」って、とっても大切だと思いました。私も、これからの人生に生かしたいと思います。
> 　「広島（ふるさと）を愛する」「広島のみんなに感動を与えたい」など、チームみんなの強い気持ちというものが、すごく伝わってきました。人の努力（がんばり）は無駄にならないんだなあと思ったし、「継続は力なり」まさにその言葉どおりでした。

　アンケートや感想から、多くの子どもたちが、今回の授業を通して、目標に向かって努力する意欲、将来への夢をもって生きる意欲、故郷を大切にしようとする意欲をもつことができたと考える。

⑥資料

（1）写真「ロータリーエンジン」「1991年ル・マンでの優勝」：http://

www.mazda.com/ja/innovation/stories/challenge/?id=7830

（2）DVD「プロジェクトＸ 挑戦者たち　ロータリー　47士の闘い　～夢のエンジン　廃墟からの誕生～」発行・販売元：NHKエンタープライズⓒ2010NHK

〈DVD前半の内容：12分〉
- 1945年，あってはならない人類史上最悪の悲劇＝原爆が広島を襲ったこと。
- 開発リーダーの山本さんの妹は原爆で他界，母は被爆。自暴自棄。
- 母の努力で東洋工業（現ＭＡＺＤＡ）に就職するが，不真面目な仕事ぶり。
- 復興に汗を流す人々と資材を運ぶ三輪自動車を見て，真剣に働く決意。

〈DVD後半の内容：33分〉
- 戦後の自動車業界合理化の流れの中で会社は存亡の危機。
- 200年間，世界の技術者が誰も成功しなかったロータリーエンジンの構造と解説，長所と短所。
- 意欲ある若者の開発者47名＝「ロータリー47士」が揃う。
- 会社のエースとなった山本さんが開発リーダーとなる「創造的に，挑戦的に，ネバーギブアップ」
- 高額の試作エンジンにあった実用化への数々の問題（オイル漏れの白煙「カチカチ山の狸」，低速時の振動「電気あんま」，走行距離わずか2万kmでエンジン内壁にできる傷「悪魔の爪痕」）
- あまりに解決困難な問題に病気になる開発者たち。
- 結果が出せずに無残な失敗作の山。誰もがあきらめかけ，専門家からも酷評が相次ぐ。
- 自分を責め続け，心労で胃潰瘍，総入れ歯となった山本さんはリーダーを降りようと決意するが，自身も原爆で弟を亡くした社長の言

葉「開発できるのは故郷を愛する君しかいない。」で続行を決意。
- 山本さん:「町の復興に尽くそう。決して諦めない。」と誓ったことを思い出し,仲間に呼びかける。
「このエンジンにすべてをかけよう。討ち死にしてもついてきてくれるか。」
- 自動車輸入自由化,業界再編で,会社合併の噂。
- 若手の活躍,逆転の発想で数々の問題を解決。若手デザイナーが考えた,流れるような斬新な車体。
- 達富さん:ゴムを使って「オイル漏れ」を防ぐ(達富さんの趣味は手品。高温と思っていたエンジン内は意外に温度が低く,隙間を塞ぐことに成功)。
- 宮田さん:カーボン+アルミの合金で内壁の傷を防ぎ,10万km走行に成功。硬い金属を混ぜてもうまくいかず,柔らかい物同士を混ぜたらとアルミを試すと,滑らかさと強度の両課題を解決。
- 200年間誰も成しえなかった夢のエンジン完成。「広島の奇跡」「未来を変える車」と欧米で絶賛。
- 開発者へのスタジオインタビュー。(故郷のための仕事,社会人としての仕事ができた喜び)

(3) 読み物資料 宙出版「コミック版 プロジェクトX挑戦者たち——夢のロータリーエンジン誕生」(2002年)をもとに,授業者が作成。

～さらなる試練,そして飽くなき挑戦で再び「広島の奇跡」へ～

1973年,中東アジアの国々で戦争が起こりました。そして,価格上昇,輸出制限などで石油不足となり,世界が「石油ショック」を受けました。山本さんたちの会社も大打撃。ガソリンを多く使う高馬力のロータリーエンジン車は売れ残り,翌年173億円の赤字。技術者の多くが地方の慣れない営業職に回され,自殺未遂者が出る程でした。ロータリー47士は非難され,名声は一転,「ロータリーは悪魔のエンジン」という汚名を浴び,開発は中断しました。会社の危機に,山本さんは,会議で「責任を取って辞表を出す。」と申し出ますが,同席した役員の一人が,「このままや

めたらロータリーは間違いだったことになる。」と言いました。議論の末，開発続行が決定，47士は汚名返上を誓いました。「フェニックス計画」と名づけられ，馬力を落とさずに燃費を大きく向上させることを目標に1000回以上の改良が加えられ，試験走行が繰り返されました。そして1978年，エンジンが完成，新車に搭載されました。

　1979年，このエンジンで24時間休まず走り続ける自動車耐久レース「ル・マン」への挑戦を考えたのがレーサー寺田さんでした。世界最高峰のレースで勝利すれば，エンジンの耐久性と馬力，燃費が世界中に証明できるからです。しかし経営危機の会社の返事はノー。寺田さんは自ら企業を回って費用をかき集め，市販車を改造，10人のチームで参加しました。一方，世界の有名メーカーは専属シェフまでそろえた150人体制，エンジンの馬力は2倍以上。結果は優勝どころか整備不良で予選敗退。このとき，「ル・マン」惨敗のニュースを日本で聞いた技術者の松浦さんはじっとしていられなくなり，寺田さんのもとへ。そして1982年，寺田さんや松浦さんたちはチーム20人で再挑戦。予選50位で何とか決勝へ。しかしゴールまで19分というとき，エンジントラブル。寺田さんはやむなくコース上で停車，時間ギリギリまでエンジンを休める作戦で辛うじて初完走。世界との差を痛感する結果は14位でした。

　この様子を悔しい思いで見ていたのが47士の一人，技術開発本部長となった達富さん。激しい争いをする前走車の脱落を待ち，順位を上げていくという戦い方では会社の名が泣くと，社長に直訴。ル・マンで勝つための高馬力のエンジン開発が1000人の技術者体制，会社の総力で行われ，1991年，目標のエンジンが完成しました。

　ところが，ルール変更でロータリーエンジン出場はこの年かぎりとされてしまいました。そして，遂に最後のチャンスとなったレースがスタート。13時間後，1位ベンツ，ロータリーエンジンは前年優勝のジャガーを追い抜き2位に立ちました。このとき，チームの多くは2位を守ることを願いますが，監督の大橋さんが，「2位ではいままでの屈辱は何になるんだ。」と一言。そして，一か八か，4周前を行くベンツにプレッシャーをかけるためにペースアップしました。レース残り4時間，先頭のベンツのエンジンが突然白煙を上げ，ピットに。4周の差はあっという間に縮まり，残り3時間，遂にロータリーエンジンが先頭，1位となって走る圧倒的な強さの雄姿が世界にTV中継されました。

　「ガソリン食い」と非難されたエンジンが，飽くなき挑戦で世界一となり，再び「広島の奇跡」となった瞬間でした。

新教科・道徳はこうしたら面白い

第3章
実践編　中学校

第3章 実践編 中学校 1

「J-POP音楽」を取り入れた授業

柴田 克

目標と方法

道徳において重要なコンピテンシーに「役割取得能力」がある。これは資料における登場人物になって考える能力であり，日常生活においては相手の立場に立って物事を考えることができる能力である。

また，「利己的な判断ではなく道徳的判断で行動しようとする能力」も道徳的判断力と実践意欲をあわせたコンピテンシーとして目標にあげたい。これらを「J-POP音楽を取り入れた授業」で獲得をめざす。

全校道徳の様子

4人グループでの話し合いの様子

おすすめポイント

・子どもたちが楽しみにする，そしてコンピテンシーが身につく授業
・日常生活に道徳的視点が生まれ，卒業後も折にふれて思い出される授業

第3章 実践編 中学校 1 「J-POP音楽」を取り入れた授業

①授業計画

A　主として自分自身に関すること

　①「自主，自律，自由と責任」………………………… 償い/さだまさし
　②「節度・節制」
　③「向上心，個性の伸長」……………………… BEAUTIFULDAYS/SPYAIR
　④「希望と勇気，克己と強い意志」………… ちっぽけな勇気/fankymonkybabys
　⑤「真理の探究，創造」………………………………… にじいろ/絢香

B　主として人とのかかわりに関すること

　⑥「思いやり，感謝」………………………………OMOIYARIのうた/藤田恵美
　⑦「礼儀」………………………………………… ゆうきの歌/でんしれんじ
　⑧「友情，信頼」………………………………………… 仲間/ケツメイシ
　⑨「相互理解，寛容」旧2-(4)(5)……………… 世界でひとつだけの花/SMAP

C　主として集団や社会とのかかわりに関すること

　⑩「遵法精神，公徳心」………………………………… トイレの神様/植村花菜
　⑪「公正，公平，社会正義」………………… 天使と悪魔/SEKAINOOWARI
　⑫「社会参画，公共の精神」………… 僕が一番欲しかったもの/槇原敬之
　⑬「勤労」
　⑭「家族愛，家庭生活の充実」……………… 優しいヒーロー/タダシン
　⑮「よりよい学校生活，集団生活の充実」……………… 旅立ちの日に/川嶋あい
　⑯「郷土を愛する態度」……………………… ここにしかない景色/関ジャニ∞
　⑰「我が国の伝統と文化の尊重，国を愛する態度」
　⑱「国際理解，国際貢献」……………………… 風に立つライオン/さだまさし

D　主として自然や崇高なものとのかかわりに関すること

　⑲「生命の尊さ」………………………………………… 生きてこそ/キロロ
　⑳「自然愛護」
　㉑「感動，畏敬の念」………………………………… タンポポの決心/AKB48
　㉒「よりよく生きる喜び」……………………… 歩み/ramwire　何度も/ramwire

②本時の展開

主　題：「強い意志」
資　料：「麦の唄」中島みゆき，「竹鶴リタ」，「横綱白鵬」
本時の展開

過程	主な発問　●学習活動　・予想される反応	留意点，提示
導入	●本時の資料について知っていることを話し合う。	・写真「中島みゆき」
	ＮＨＫ「マッサン」中島みゆき「麦の唄」を知っていますか？	
	・見たことがある　・ニッカウヰスキー	・写真「マッサン」
展開	●「マッサン」のオープニングを視聴する。 ●資料「竹鶴リタ」を読む。	・1分間「麦の唄」 ・教師が範読する。
	「竹鶴リタ」さんが苦労したことは？　素晴らしいところは？	
	・言葉・文化の違い　・国際結婚で日本に来る ・戦争　・それらを乗り越えて夫の偉業を助けた	・写真「竹鶴リタ」
	●資料「横綱白鵬」を読む。	・教師が範読する。
	「白鵬」は，なぜ大記録を打ち立てられたのだろう？	
	・負けてたまるかという気持ち　・厳しい練習 ・感謝の気持ち　・努力　・師匠・仲間	・写真「白鵬」
	●「麦の唄」を聴く。（5分11秒）	・ＣＤを流す。
	白鵬・リタと主題歌「麦の唄」の共通点は？　また感じることは？	
	・他国から見知らぬ土地にやってきたこと ・日本の文化に溶け込んだこと ・たくさんの努力をして偉業を成し遂げたこと	
まとめ	●今日の授業で感じたことを振り返る。	・「麦の唄」を聴きながら余韻を残す。
	これからの自分の生活に活かせることはないだろうか。	
	・生まれた土地を離れてもそこで花を咲かせたい。	

③授業の概要

子どもの実態

　この授業は，平成26年度全校道徳（年間6回）のうちの12月に実施した授業である。授業に参加したのは中1〜中3まで240名である。

　12月というと新年度に向けて意識が向き始め，特に中学3年生は進路決定に向けて真剣さが増してくる時期である。

　中1〜中3では，道徳性の発達にもかなり差がある。しかし中3であっても幼い生徒もいれば，逆に中1でも道徳性が発達した生徒もいる。全校道徳には，道徳性の発達した考えを聞くことによって，集団全体の道徳性を高次に引き上げるねらいがある。また，授業後も学年を超えて資料について話せる効果も期待できる。

授業の目標

　「『麦の唄』『竹鶴リタ』『横綱白鵬』をとおして，新しい場所で，新しい目標に向かって頑張る強い意志をもつことができる」というのが本時の目標である。ただし，他を押しのけての「強い意志」ではない。資料の2人の人物は共に，外国から日本にやってきて日本の文化に溶け込もうと努力しながら自分の目標を達成している。生徒たちが，将来地元を離れて新しい場所で，新しい目標に向かうときにこの授業を思い出し，コンピテンシーとして活かしてほしいと願っている。

　12月は，3年生にとっては進路決定に向けて真剣さが増すときであり，1，2年生にとっても新年に対して新しい目標を意識できる時期でもあるので，時期的にも良いと考えた。

方法論

　この授業は平成26年12月に実施した。11月に大相撲九州場所で白鵬が大関の優勝記録に並んだ。そして，NHK朝の連続テレビ小説「マッサン」（2014年9月29日〜2015年3月28日，平均視聴率21.1％）が話題になった時期でもある。

当然，この2つを知っている生徒も多く，興味関心も強い。中島みゆきが「マッサン」の主題歌として作った「麦の唄」のメッセージ性も強いので，この唄を核にして授業を組んでいる。

全校道徳では，人数が多いので発言の機会が減るのが弱点である。この点については，「4人グループ」での話し合いやブレインストーミングの時間を設定して，自分の想いを伝え，相手の気持ちを聞くように授業を工夫している。もちろん道徳性の高い考えは全体で共有できるようにする。

④指導の実際

「竹鶴リタさんが苦労したことはどんなことだっただろう？」
・大正時代に国際結婚で日本にやってくること。
・言葉，文化，習慣の違い。　・戦争を体験してスパイ扱いをされた。
　「すばらしいところは？」「日本料理を覚えたり，関西弁を覚えたり日本に溶け込もうとした。」「戦争中，スコットランドに帰らず日本で耐えたのはすごいと思う。」「リタさんがいたからマッサンも頑張れたと思う。」
「白鵬関はなぜ，大記録を打ち立てられたのだろう？」
　4人グループを作って，ブレインストーミングの要領で，質よりも量で意見を出し合う。時間は5分間。少ないグループでも10個，多いグループだと30個ぐらいの意見を出すことができる。

　学年が上がるほど多くあげられるか，というとそうでもない。この授業での最高は1年生で33個であった。ただし，深い意見，道徳性の高い意見は3年生に多い。そんな意見を共有することによって，全体の道徳性をアップしていく。
・感謝の気持ち　・あきらめない気持ち　・目標があったから
・相撲が好き　・大先輩がいた　・相撲の神様が認めてくれた
・モンゴルの人たちの応援　・稽古　・プライド　・勇気
・恩返しの気持ち　・集中力　・向上心　・約束　・悔しさ

「2人と『麦の唄』の共通点は何だろう？」
・2人とも外国から日本にやってきた。
・日本の文化に溶け込もうとした。
　「中島みゆきさんはなぜ，『麦』に注目したのだろう？」「ウイスキーの原料が大麦だから」「厳しい冬に耐え，踏まれて強くなるから」
「これからの自分の生活に活かせることはないだろうか？」
・自分なりの夢を見つけて，あきらめないで挑戦したい。
・たぶん，私も故郷を離れてどこかで夢を追いかけると思うけど，その場所でしっかり自分なりの花を咲かせたい。

⑤まとめ・考察

　道徳科を実施するときに年間計画を立てて実施することは，22の内容価値項目を確実に実施するためには大切なことである。学校行事や体験学習と関連させて計画を作るわけであるが，それとともに大切なのは「タイムリー性」である。そのときの多くの子どもが知っている，あるいは興味をもっているものを資料化すると心の中に入り込みやすい。したがって，年間計画を変更してでも「タイムリー性」を重視して授業の資料を組み替える意味はここにある。

　また，子どもたちの心に響く「J－POP音楽」は自然と口ずさめるメロディーとメッセージ性がある歌詞が大事である。人生の中で，その曲を聴いたとき中学校時代の道徳授業が思い出されてほしいと思う。

　卒業した3年生からたくさんのメッセージをもらった。
・「すごくためになり，楽しい道徳でした。」
・「道徳の時間はいつも新しい気づきがありました。」
・「人として大事なことを改めて考えさせられる授業でした。」
・「毎回，道徳の授業を楽しみにしていました。」

⑥ 参考文献

- 「白鵬32回目のＶ」毎日新聞，2014年11月23日
- 白鵬翔『勝ち抜く力』悟空出版
- 竹鶴孝太郎『「マッサンの妻」竹鶴リタが大切にしたもの』集英社

⑦ 資　料

竹鶴リタ
1896年（明治29年）スコットランド（イギリス）生―1961年（昭和36年）没
ニッカウヰスキーの創業者である竹鶴政孝の妻。NHK連続テレビ小説「マッサン」のヒロイン・亀山エリーのモデル。
　1918年（大正7年），竹鶴政孝は，本場のウイスキーづくりを学ぶ為にスコットランドの大学に留学。そこで出会ったリタと現地で結婚。竹鶴のウイスキーづくりの夢に共感したリタは，家族の反対を押し切って日本にやってくる。
　リタの日本での日々は，激動そのもの。大阪から北海道へ渡った夫婦は，余市で立ち上げたウイスキー事業で失敗の連続。さらには太平洋戦争勃発によってリタは「敵国人」扱いされ，スパイ容疑をかけられてしまう。
　そんな苦難の中で，明るく前向きなリタの人柄は政孝と周囲の人々を照らす。当初は日本の言葉や文化に戸惑っていたリタも，流暢な関西弁を覚え，漬け物や塩辛を作るまでになり，日本文化に溶け込んでいく。そんなリタを周囲の人は「日本人以上に日本人らしい」と評していた。リタは，誰よりも「日本人になる」ことを考え，日本に溶け込む努力を続けた。リタの努力もあり，竹鶴は北海道の地で「ニッカウヰスキー」という日本を代表するウイスキーメーカーを創りあげることに成功した。

白鵬（横綱）
1985年（昭和60年）モンゴル国ウランバートル出身
白鵬入門時のエピソード
　はじめての飛行機搭乗に，はじめての日本。はじめこそ観光目的だったものの2ヶ月間，日本で相撲の稽古をするにつれ，「力士になりたい」気持ちを強くしていった白鵬。しかし，最後まで入門先が見つからず，悔しさから，「帰りたくない！」と泣いた。
　紹介者である同じモンゴル人の旭鷲山関は白鵬を不憫（ふびん）に思い，自身の親方に掛け合い，宮城野部屋の親方へ白鵬の受け入れを依頼，帰国前日の12月24日に宮城野部屋へ入門決定。そもそも小柄で華奢（きゃしゃ）な白鵬に対して，親方はさほど期待していなかったようである。（入門当初身長175cm体重62kg）
　実際，2001年3月に初土俵を踏んで一番出世したものの，次の5月場所では，序の口として3勝4敗で負け越し。（※のちに横綱になった力士で「序の口での負け越

し」は白鵬が初。)

「大鵬と並ぶ史上最多32度目の優勝をしたときの白鵬のインタビュー」

「天皇賜杯32回という大記録は,私,場所前から思っていたことがあって,皆さんにも聞いてもらいたいのですが,15年前に(体重)62キロだった小さい少年がここまで来るということは誰も想像しなかったと思います。この国の魂と,相撲の神様が認めてくれたからこの結果があると思います。」

⑧教材・ワークシート

「麦の唄」　　　　　　　　　　　　　　　　　　　作詞・作曲：中島みゆき

なつかしい人々　なつかしい風景　その総てと離れても　あなたと歩きたい
嵐吹く大地も　嵐吹く時代も　陽射しを見上げるように　あなたを見つめたい
麦に翼はなくても　歌に翼があるのなら　伝えておくれ故郷へ　ここで生きてゆくと
麦は泣き　麦は咲き　明日へ育ってゆく

大好きな人々　大好きな明け暮れ　新しい「大好き」を　あなたと探したい
私たちは出会い　私たちは惑い　いつか信じる日を経て　1本の麦になる
空よ風よ聞かせてよ　私は誰に似てるだろう　生まれた国　育つ国　愛する人の国
麦は泣き　麦は咲き　明日へ育ってゆく
泥に伏せるときにも　歌は聞こえ続ける
「そこを超えておいで」「くじけないでおいで」　どんなときも届いて来る　未来の故郷から

麦に翼はなくても　歌に翼があるのなら　伝えておくれ故郷へ　ここで生きてゆくと
麦は泣き　麦は咲き　明日へ育ってゆく　麦は泣き　麦は咲き　明日へ育ってゆく
　　　　　　　　　　　　　　　　　　　　　　　JASRAC　出　1511749-501

「竹鶴リタ」

「横綱白鵬」

「活かせること」「感じたこと」

第3章 実践編 中学校 2
日本人としての自覚を深める道徳授業

石黒真愁子

目標と方法

　世界は急速に狭くなり，日本人が他国の人々と手を携えて，多様で複雑な問題を解決する場面に直面する機会は今後ますます多くなる。子どもたちにはより早い段階から日本人としての意識を醸成する必要があるとして，今回の改訂でも，小学校低学年より自国への愛着を育てる方向性が打ち出されている。グローバル人材化の根底に，日本人としての自覚をしっかりと据える必要があるという視点からである。そうしたことを背景に，キー・コンピテンシーの3つのカテゴリーの1つである，「個人が国際社会の中で自律した日本人として行動し，主体的にその機能を果たす」ために，私たちは，優れた日本の伝統文化の中に息づく精神性への概念をしっかりと自身の根幹に据え，日本人としての自覚をもち，国際社会の一員として貢献していかなくてはならない。

おすすめポイント

1　実話に基づく自作の地域教材の活用には説得力がある。
2　教材の素材となったみそは自然と調和する日本人のソウルフード。
3　効果的なBGMの活用で生徒の心をゆさぶる。
4　総合単元的な道徳学習を展開し教科学習等と「特別の教科　道徳」を結ぶ。
5　討論を通して伝え合う力を培う。
6　テーマを大きくとらえて発問する。
7　インパクトのある格言を活用する。

8 保護者やゲストティーチャー，管理職などと共に考え，多様な価値観にふれる。
 9 自己と深く対話し，価値意識を深めて事後の学びや生活へとつなぐ。
10 体験を生かした道徳の授業を展開する。

①授業の概要

魅力的な地域教材の開発と活用

　子どもたちが郷土を愛し，日本人としての自覚を高めるためには，郷土の自然や食文化，伝統的な行事などにふれ，その中でさまざまな体験をすることによって，郷土に親しみ，その良さに気づき，郷土に対する豊かな感情や愛着を育てる必要がある。地域教材を活用した道徳の授業を行うことは，自分たちを育んできた郷土を見つめ，その良さについて深く考える機会となり，その意義は大きい。こうした教材の開発にあたっては，生徒の実態をよく理解し，日ごろから教師自身が広い視野をもち，報道や書籍，身近な出来事等に強い関心をもつことが大切である。柔軟な発想のもと，教材を広く求める姿勢をもつことで，子どもたちにとって，有効に生きて働く教材を開発することができる。
　新学習指導要領に基づく教科としての完全実施後は，教科書の使用義務が課せられるが，地域教材の開発などは，地域に根差した特色ある読み物教材として今後も取り扱われていくであろう。
　本教材は，愛知県南部の知多半島のみそ蔵を実際に訪れ，自身の取材をもとに作成した自作資料である。この素材との出会いは，TV報道であった。主人公の生き方に，大きな感動を覚えた。資料は，当時，エンジニアであった主人公が，一杯のみそ汁を食したことでそのうまさに魅せられ，みそ作りの道へと人生を変えていった姿を描いたものである。みそ汁は私たちにとってきわめて身近な日本の伝統食である。また，みそは地方色豊かであり，日本人のソウルフードとも言われる。生徒たちは，小学校時の家庭科において，「米飯およびみそ汁の調理」の学習を通して，みそ汁の

香りをかぎ，味わうことを体験している。

　平成26年12月4日，みそ汁を含む「和食」は，ユネスコ無形文化遺産に登録された。「和食」の食文化が，自然と一体になり，自然を尊重する日本人の心を表したものであり，それが脈々と世代を越えて受け継がれているという理由からだ。生徒たちは，こうした日本の独自性を保持しながら国際社会に認められる優れた伝統の真価を理解し，その良さを見つめることで，日本人としての誇りと自覚をもって，国際社会の中で主体的に生き抜く力を育んでいく。「特別の教科　道徳」の学習を通して考えた日本の伝統的なすばらしさは，中学校で学ぶ教科学習や豊かな体験へとつないでいくことで，より意識が深まり，道徳的実践へと発展していく。

BGMの活用

　音楽教育と道徳教育は，共に情操教育という点で深く結びついている。音楽により培われる豊かな情操は，美しいものに接して，感動する豊かな心であり，それは道徳性の基盤を育成するものである。

　こうした音楽のもつ特性を，道徳教育とかかわらせ，道徳の授業において活用することにより，生徒に内在する美しいものや崇高なものを尊重する心の琴線に働きかけ，豊かな心を育んでいきたい。

　この教材では，篳篥という雅楽等で使用されている古来からの楽器を活用したい。日本古来から現在に至るまで脈々と人々により受け継がれてきた音楽文化の理解は，日本の伝統と文化を尊重し，それらを育んできた我が国と郷土を愛し，それを継承し創造的に発展させる能力を育成するものである。中学校音楽では，前回の改訂から鑑賞だけでなく，和楽器の実技も必ず取り扱うこととされている。いまや篳篥は，TVなどで盛んに放送され，古典的な音楽だけでなく，ヒーリングミュージックやポップな音楽も積極的に演奏されている。ここではそのような生活の中や音楽の授業で耳にしたことのある篳篥の音色を用い，選曲はヒーリングミュージックを活用しながら，教材の範読の際に，小音量でBGMを流し，教材へと誘うことで，より日本文化への関心を高めていきたい。

　また，教材の内容によっては，音楽だけでなく，虫の鳴き声や雨の音な

どを効果的に活用できる。BGMの活用にあたっては，強弱がはっきりしすぎているものや変拍子などは避け選曲する。また，ワークシートに記入する時間にもオルゴール曲などを流すのも音楽の活用としては効果的である。
　次に，授業の展開は以下のとおりである。
○導　入
・導入では，『私たちの道徳』p.207を活用し，日本の良さに目を向け，価値へと誘う。
・範読では，篳篥(ひちりき)のヒーリングミュージック等を小音量で流す。
○展　開
テーマを考える
　「おやじさんが大切にしているものは何だろう」というおやじさんの生き方に迫る大きなテーマの発問をし，自然とともに生きてきた日本人の精神に迫る。
討論する
　『私たちの道徳』p.209の「世界の人から認められ，信頼されるためにはどのようなことが求められるか」について互いに理由を明確にしながら少人数で話し合い，友達の考えを傾聴し，自分の考えを深めることで，より実践へとつなげていく。
多様な価値観にふれる
　各小グループに，保護者や地域の方々，管理職が参加し，共に考えることで，多様な価値観にふれる。(※学習のねらいや話し合いの進行について，事前に十分に打ち合わせをし,指導者の意図を理解してもらうことが必須)
○終　末
インパクトのある格言の提示
　終末では，『私たちの道徳』p.211に掲げられている岡倉天心の言葉を提示し，考え，余韻をもって終わる。
　「われわれの歴史の中にわれわれの未来の秘密がかくされている」という岡倉天心の言葉から，自分の生き方とかかわらせて，日本の優れた伝統や文化にこめられた価値を継承し，誇りをもって新たな文化を創造しよう

とする意欲を高める。偉人の言葉を深くとらえることと価値の自覚を結びつけ，事後の自分の生活の中にも生きていくよう考える。生徒自身が自己と深く対話をしながら，価値意識を深め事後の学びや生活へとつないでいこうとする意識をもてるようにすることが大切である。

②授業計画

総合単元的な道徳学習の展開

　道徳教育は，学校の全教育活動を通じて行われる。その「要」となるものが「特別の教科　道徳」である。総合単元的な道徳学習は，ねらいとする価値を中心に据え，その周辺にねらいとかかわりのある学習を配置し，学校生活のすべての学習や体験を通じて，ねらいに迫る取り組みである。中学校においては，他教科とのかかわりや，年間指導計画とのかかわりなど，むずかしい点も多々あるが，指導する側が共通理解のもと，横断的・総合的にねらいを意識して指導を展開することが重要である。

　総合単元的な道徳学習への取り組みは，1学期間や数か月単位の短いスパンで取り組むならば中学校でも十分可能である。「日本人としての自覚」を要とし，京都・奈良方面への修学旅行や，総合的な学習の時間における日本の伝統文化の体験など，教科に加え，さまざまな豊かな体験と結びつけながら，展開していくことで，生徒の中に深く意識が培われていく。

　『私たちの道徳』p.207「日本らしさとは…」について考える。
　↓関連づけて学習を展開する。
国語（伝統的な言語文化など）古典・俳句・短歌
社会（公民的分野・歴史的分野）寺などの建築物など
音楽（歌舞伎・能・日本歌曲・和楽器等）
美術（漫画・浮世絵・仏像等）
保健体育（武道）
技術・家庭（家庭分野の衣食住等）和食など
総合的な学習の時間　茶道，盆栽などの豊かな体験

↓道徳の時間で日本の伝統的な精神性にふれ考える。

「人生を変えた一杯のみそ汁」を通して，自然と調和し共生してきた日本人について考える。

③本時の略案

主題名：日本人としての自覚
資料名：「人生を変えた一杯のみそ汁」（自作資料）
　　　　　　　　（出典：日本文教出版　『あすを生きる』3より）

ねらい

日本の素晴らしさを理解し，自らも日本人としての自覚をもって国を愛し，その発展に努める生き方をしようとする意欲を高める。

展開の大要

	学習活動	指導上の留意点
導入	『私たちの道徳』p.207「日本らしさとは…」を発表し合い，日本の伝統と文化を見つめる。	・日本の良さに目を向け，価値意識を誘う。
展開	資料を読む ○手作りみそにこだわるおやじさんをどのように思っただろう。 ・100年以上も手作りが守られているのはすごい。 ・機械を使えば楽なのに。 ・何で手作りにこだわるのだろう。 ○みそ蔵に入ったとき，主人公はどんなことを感じただろう。 ・いい香りだ，みそ汁を思い出す。 ・自然の力でみそができるんだ。 ◎おやじさんが大切にしていることは何だろう。（テーマ発問）	・BGMに篳篥（ひちりき）の音楽を音量を小さくし，活用する。 ・エンジニアの主人公には理解しがたい世界であることに共感させる。 ・みそ蔵の扉を開けた瞬間，主人公はどんな思いを抱いたかを演技を交えて発表する。 ・「大豆がみそに変わる手助けをしているだけ」というおやじさんの言葉の意味を考えさせることでテーマに迫り，自然と共に生きてきた日本人の精神について考える。 ・3～4人の少人数のグループでワー

	『私たちの道徳』p.209「世界の人から信頼され尊敬されるために，私たちにはどのようなことが求められるだろう」について考え，話し合う。（問題解決）	クシートを活用し書き込み，話し合う。協力し合い解決策を探求する。理由を明確にし，友達の意見を傾聴し考える。 ・各グループに地域の方や保護者，管理職が参加し，共に話し合うことで多様な価値観にふれる。
終末	『私たちの道徳』p.211「われわれの歴史の中にわれわれの未来の秘密がかくされている。」（岡倉天心）という言葉の意味を考え，これから自分自身の生活とも結びつけ考える。	・岡倉天心の言葉にある「未来の秘密」という言葉に込められた歴史の中に息づくものに目を向ける。 ・「われわれの歴史の中に」というのは日本の歴史の中にということであると同時に，生徒一人一人の，自己の歴史（その中に日本の歴史も刻まれている）にも未来の秘密が隠されているともとらえ，事後の自分自身の生活にも結びつけ，考えるようにする。

事前，事後の取組

事前に，日本らしさ，良さについて考える。

事後に，自らの生活の中で，日本人としての自分らしい生き方の実践へと結びつける。

評　価

自然と共に生きてきた日本人のすばらしさを理解し，その精神を継承し自らを高めようとする意欲が高まったか。

④ワークシートを活用した書く活動の取り組み

今回の授業では，生徒がじっくりと時間をかけて考え，自分の思いを深めていく，中心発問「おやじさんが大切にしていることは何だろう」でワークシートを活用したい。十分な時間を確保し書くことにより，自己内対話を通して，主人公の人生を変えた，おやじさんの生き方に迫りたい。

また，総合単元的な道徳学習の一環として，『私たちの道徳』を活用した「日本らしさとは…」を考える事前学習では，「日本」という言葉をキ

ーワードとしたイメージマップを作成し，思考の広がりを促したい。

⑤ 考　察

　日本の伝統文化への理解は，学校教育のみならず，四季折々の習慣的な体験を通して育まれる面もあり，家庭や地域社会との連携が重要である。積極的に道徳の時間をはじめ，学校の教育活動に地域の人材の支援を得たり，学校で学んだことを，家庭や地域で実体験していくことで，日本人としての自覚はより深まっていくものである。

　また，子どもたちにとって身近な日本文化の切り口として，漫画があげられる。「MANGA」はいまや世界の共通語であり，登場人物の豊かな心理描写や多彩なストーリー性から，日本の漫画は独自性を発揮しながら発展してきた。このように，さまざまな視点から，改めて自国の文化価値やそれを発展させてきた日本人の思い，さらにそれを享受している自分自身を理解することで，後世に伝えていきたい日本の良さを考えさせ，新たな文化を創造しながら，世界の人々と共に，豊かな社会を築いていってほしい。

板書計画

人生を変えた一杯のみそ汁
○日本の良さを見つけよう
　みそおけの写真
　手作りにこだわるおやじさん
・機械を使えば楽なのに
　何で手作りにこだわるんだろう
・百年以上も続いているみそ作り
　みそ蔵の中
・みそのいい香り
・巨大みそおけが並んでいるなー
●おやじさんが大切にしているもの
　おやじさんの生き方
・日本の味を守っている
・自然と一緒に生きている
　私たち日本人に求められるものは？
・日本の良さを守る・誇りをもって生きる
○未来の秘密（岡倉天心の言葉）
　誇りをもった自分自身の生き方とは

一杯のみそ汁の絵
みそおけの写真

第3章 実践編 中学校 3

自作資料「あの時のおばあちゃん」を活用した「いのちの教育」

松原好広

目標と方法

　中学校のいのちの授業というと，資料を読み，ワークシートに感想を書いて発表して終わるだけという授業が多い。生徒の多くは，いのちについて厳粛に受け止めるが，各自が感じたこと，考えたことを深めるまでには至っていない。本実践の目標は，生徒がいのちについて感じたことを自分の問題としてとらえ，具体的に考えられるようにすることである。

　具体的な方法は，生徒の心を動かす自作資料を作成して，班で話し合ったり，手紙を書いたりすることである。

班での話し合い風景

資料の主人公に手紙を書く風景

おすすめポイント

　本実践のおすすめのポイントは，新聞記事を活用して生徒の心を動かす自作資料「あの時のおばあちゃん」を作成したり，主人公の心情だけでなく行動について班で話し合わせたり，資料の主人公へ手紙を書かせたりすることである。

①自作資料と授業の概要

　平成23年3月11日に起こった東日本大震災は，多くの国民にとって耐えがたいほどの辛く困難な状況を引き起こした。震災から4年が過ぎ，生徒の意識は，確実に薄れた。

　震災直後は，震災が甚大な被害を及ぼしただけに，それを教材化することに戸惑いや躊躇があった。しかし，あれから4年が経ち，もう一度，震災にかかわる自作資料を作成し，生徒にいのちの大切さを考えさせなければならないと思った。

　そこで，今回，自作したのが「あの時のおばあちゃん」という読み物資料である。これは，震災から2か月後の平成23年5月23日の読売新聞の朝刊の記事「人生案内」を参考にして作成したものである。

　投書の内容は，震災直後，祖母と一緒に津波から逃げていた女子大生が，祖母から「自分ひとりで逃げろ」と言われてしまう。女子大生は一緒に逃げようと何度も声をかけるが，祖母から追い払われてしまう。結局，女子大生は命からがら一命をとりとめることができたが，「助けられたはずの祖母を見殺しにし，自分だけ逃げてしまった」と自責の念に駆られてしまうというものである。

　自作資料では，女子大生がどのような状況で祖母と逃げていたのか，どうしてひとりでその場を離れてしまったのか，そのことでどのような心情に至ったのかなどをわかりやすく記述するようにした。女子大生の心情と，かけ離れてしまっている記述もあるかもしれないが，女子大生の心情を自分なりに推量し作成した。

　道徳授業では，女子大生の「助けられた祖母を見殺しにし，自分だけ逃げてしまった。」という女子大生の投書に着目し，「主人公は祖母を見殺しにしたのだろうか？」という発問を設定したり，主人公へ手紙を書いたりする活動を取り入れた。

②授業計画

　授業は，震災から4年後の平成27年3月16日（月）に第1学年で実施した。

　授業を実施するにあたり，前の週の3月13日（金）の学級活動の時間に震災の翌日に発行された朝日新聞の記事「追悼式3県遺族代表のことば」を印刷し配布する。担任は，岩手県出身であり，震災への思いは，人一倍強いものがある。

　授業の導入では，電子黒板を活用して，震災時，津波が街を襲う場面の動画を提示する。動画は，「東日本大震災　津波　旅館女将　動画」で検索することができる。

　展開では，いのちの大切さを深く考えさせるために，女子大生の心情を聞くとともに，祖母を置き去りにしたことについてどう思うかを考えさせる。その後，そのことについて，グループで話し合い，感じたこと，考えたことを意見交換できるようにする。

　また，主人公へ手紙を書いて，何人かの生徒に発表してもらうなど，他の考えを聞きながら自分の考えを深めるようにする。

　終末では，生徒の書いた手紙の感想を述べてもらう。また，担任から，手紙の内容についてコメントしてもらったり，震災時の状況も説明してもらったりする。

導入での動画の提示

終末での説話

③本時の略案と評価

	学習内容	学習活動	指導上の留意点
導入	○東日本大震災の様子の動画を見る。	○いまにも迫り来る津波は、このような状況でした。 ・動画を見る。	○「東日本大震災津波襲来の動画（旅館 宝来館）」を活用する。
展開	○資料を読んで考える。 ○祖母と逃げているときや振り払われたときの主人公の心情を考える。 ◎祖母を見殺しにしたと考える主人公について考える。 ○主人公へ手紙を書く。	○教師の範読を読み聞く。 ○主人公は、おばあちゃんと逃げているときや手を振り払われたとき、どんな気持ちでしたか。 ○主人公は、「助けられたはずの祖母を見殺しにし、自分だけ逃げてしまった」と言っていますが、あなたはこのことについてどう思いますか。班で話し合いましょう。 ○主人公へ手紙を書きましょう。 ・手紙を書く。	○資料の状況を想起できるようにする。 ○祖母と逃げているときや「ひとりで行け」と言われたときの主人公の心情を生徒一人一人に考えさせる。 ○班で話し合うことにより、いのちについて思い思いの考えを発表できるようにする。 ○願いやメッセージなどを生徒なりに考えさせる。
終末	○担任の説話を聞く。	○東日本大震災で、先生はこんな経験がありました。	○本時のねらいに関連させた説話を行う。

評価：いのちの大切さを自分なりに考えるきっかけとなったか。

④指導の実際

T　おばあちゃんと一緒に逃げているときの主人公の気持ちは？
C　おばあちゃんと生き延びたい。
C　早く逃げて助かろう。
T　「ひとりでお行き」と言われたときの気持ちは？
C　自分も助かりたい。でも，おばあちゃんも助けたい。
C　え，何で？　一緒にいたいのに……。

C　このままここにいたら，死んじゃうよ。
T　手を振り払われたときの気持ちは？
C　おばあちゃんの分まで生きなければ。
C　自分が見捨てたという記憶がいつまでも残ってしまう。
C　2人でここまで逃げてきたのに何故……。
C　おばあちゃんは，何でそんなに生きるのをあきらめるの……。
T　主人公は，「助けられたはずの祖母を見殺しにし，自分だけ逃げてしまった」と言っていますが，あなたはこのことについてどう思いますか。班で話し合いましょう。
C　（班で話し合う。見殺しにしていないという意見が多く聞かれる。）
T　話し合ったことを参考にして，主人公へ手紙を書きましょう。
C　（手紙を書く。）
T　では，何人かの人に発表してもらいましょう。
C_1　私は，あなたがおばあちゃんを見殺しにしたとは思いません。あなたが助かることが，おばあちゃんの最後の願いだったはずだからです。この文章を読んで，あなたがどれだけおばあちゃんを大切に思っていたか身にしみてわかりました。きっとおばあちゃんもあなたのことを大切に思っていたと思います。おばあちゃんは，あなたが「一緒に逃げよう」と言ったとき，顔は怒っていたけれど，心の中ではうれしかったと思います。きっと，こんな心優しい孫がいて幸せだったと感じていたはずです。だから，あなたを助けたいと思って怒ったのだと思います。

　もしあの時，あなたがおばあちゃんと一緒に道で止まっていたら，もしあの時，あなたがおばあちゃんと一緒に亡くなってしまったら，たくさんの人が悲しみます。人はだれでもたくさんの人に支えられています。おばあちゃんは，あなたが亡くなって悲しむ人がたくさんいる。そんな人たちを悲しませないようにあなたを怒ったのかもしれません。あなたは，とても責任感のある人です。しかし，自分を追い詰めないで，おばあちゃんの分まで元気に生き続けてください。

C_2　この東日本大震災で，たくさん苦しいことがあったのでしょう。あな

たが感じている悲しみやつらさを完全に分かち合うことはできないけれど，想像することはできます。いまのあなたには，つらいことなのかもしれませんが，あえて言います。おばあちゃんが亡くなってしまって，言葉では言い表せないぐらいつらいですよね。でもあの文章を読んで，私はあなたに生きてほしいと思っています。おばあちゃんを置いていってしまったことを後悔するのをやめろとは言いません。

「おばあちゃんの分まで生きて」と言うのは簡単です。だけど，私は，「おばあちゃんのことをずっと忘れないでください。そのためにも生きてください。」と言いたいと思います。なぜならば，おばあちゃんが二度と戻らなくても，おばあちゃんのことを覚えているあなたが死なないかぎり，おばあちゃんの思い出は生き続けるからです。いまはそう思えなくても，一年後，数年後，何十年後でもいいから，「生きていてよかった」と心から思えるようになる日が来ることを願っています。

C_3　私もあなたと同じように，おばあちゃんには小さいころからたくさん遊んでもらいました。私のおばあちゃんは，数年前に病気で倒れ，特別養護老人ホームに入っています。脳の病気だったため，私との幼いころ遊んだ記憶はほとんどありません。私はそれを知ったとき，涙が止まりませんでした。あなたは，おばあちゃんを置いて逃げてしまったことで，自分を責めているようですが，おばあちゃんはあなたが無事に生きていてくれてよかったと思ってくれていると思います。だから，おばあちゃんのことを忘れずにおばあちゃんの分まで幸せに生きてください。

T　何人かに手紙を読んでもらいましたが，みんないのちの大切さを真剣に考えていたので感動しました。先生の実家は岩手県です。震災直後の夏休みに帰ったとき，あたり一面，瓦礫の山でした。そのとき，先生はまるで焼け野原を見るようで，言葉を失ってしまいました。そして，ぼう然として立ちつくし，涙がこぼれていたのを覚えています。とても，悲しかったです。でも，今日，みんなが書いた手紙を聞いて，元気をもらうことができました。ほんとうにありがとう。

⑤まとめ

　生きているということは，私たちが普段考えている程度のことではない。生きているということは，いのちを燃やして生きていることであり，やがて，そのいのちが死に至り，灰になるということである。しかし，多くの生徒は，そのような思いには至らない。また，人と人とが出会うということも，ただ単に出会うということではない。人と人との心が出会うことであり，人と人とのいのちが出会うことである。教師は，生きているということ，人と人とが出会うことは，けっして当たり前のことではなく，一大事であるということを生徒に深く考えさせなければならない。

　今回の道徳授業では，新聞記事を活用した自作資料を作成し，発問を工夫して，主人公へ手紙を書く活動を行った。いのちを大切にする心は，すぐに育つものではない。しかし，生徒の書いた手紙を読むと，いのちを大切にする心は，すぐに育むことができるのかもしれないと思えるようになった。このような取り組みが，生きていることは当たり前のことではなく，人と人とのほんとうの出会いを実感し，生徒の心の糸を解いたのではないかと考える。

　小学校高学年から中学校の年代の気持ちはとても複雑である。単純に「いのちを大切にしましょう」と言っただけでは，生徒の心には響かない。生徒の心には，何重にも張りめぐらされた糸が複雑に絡まっているからである。教師はその糸を一つ一つていねいに解いていくことが大切である。

　最後に，このような実践を実現してくれた生徒および担任の先生に心から感謝を申し上げる。

⑥自作資料

「あの時のおばあちゃん」

　あの日，おばあちゃんと一緒に，海岸近くにある家を飛び出しました。山の方に向かって，長い坂道をおばあちゃんと手をつないで必死に走りました。もともと心臓に持病をもっているおばあちゃんは，とてもつらそうでした。津波は，そこまで迫ってきました。サイレンが鳴り響き，「大津波警報が発表されています。住民は直ちに高台に避難してください。」というアナウンスが何回も聞こえていました。

　ちょうど二十分ぐらい走ると，急な坂道にさしかかりました。おばあちゃんは，その坂道を見た瞬間，「もう，これ以上，走れない。」と言って，その場に座り込んでしまいました。肩で息をしながら，とても苦しそうでした。

　私は，「早く逃げよう。」と言って，おばあちゃんの手を引っぱりました。でも，おばあちゃんは，その手を振り払い，「少し休んだら追いかけるから，お前はひとりでお行き。」と答えました。「じゃあ，私の背中に乗って。」と言っても，「やせたお前が私を背おえるわけがない。」と答えました。私がもう一度，おばあちゃんの手を引っ張ろうとすると，おばあちゃんは地面にしがみついて，足をバタバタさせました。何を言っても，「お前とはここでお別れだよ。だから，お前はひとりでお行き。」と苦しそうに答えました。

　山の中腹から，「おーい津波が，そこまで来ているぞー。早く逃げろー。」という声が聞こえてきました。その声を聞いたおばあちゃんは，何かを覚悟したように私の顔をにらみつけ，「はやく行け。」と声をあげました。おばあちゃんの顔は，見る見るうちに鬼の形相のような表情に変わってきました。そして，「はやく行け。」「はやく行け。」と何回も大きな叫び声をあげました。こんなおばあちゃんを見るのは初めてでした。

　それでも，私はおばあちゃんと一緒に逃げようと，おばあちゃんの手を引きました。すると，おばあちゃんは，最後の力を振り絞って，「はやく行けと言っているんだよ。」と悲鳴を上げて，私が握っていた手を振り払いました。おばあちゃんの目には，涙が流れていました。頬を伝わる涙を見た途端，私は心が揺れました。おばあちゃんと一緒に逃げるべきか，ひとりで逃げるべきか，わからなくなりました。

　気がつくと，私は，無我夢中でその場を離れていました。私の頭の中には，おばあちゃんの悲鳴がいつまでも鳴り響いていました。

　しばらくすると，津波は私のすぐ後ろまで迫ってきました。私は，最後の力を振り絞り，坂道を懸命に駆け登りました。すると，またたく間に大きな津波がやってきました。私は，津波に飲み込まれる直前のところで山の中腹にいた人に助けられ，命からがら生き延びることができました。

　それから三日後，おばあちゃんの遺体が発見されました。幼い時から，いつも遊んでもらっていたおばあちゃんを私は見殺しにしたのです。あの時，おばあちゃんに，「はやく行け。」と言われても，二人とも濁流に流されたとしても，私は，無理にでも，おばあちゃんを背負って逃げるべきだったと後悔しました。でも，どんなに後悔しても，おばあちゃんは帰ってきません。あの日から，私は，毎日，辛く，苦しく，涙があふれて止まりません。

（松原好広　自作資料）

第3章 実践編 中学校 4

格言で先人や先哲の生き方や考え方を教える授業

松元直史

目標と方法

　自分の課題を解決できる，大切にしたい生き方や考え方にかかわる格言を人格形成に生かす知識（自分の言葉の宝物）として身につけさせる。

　『私たちの道徳』に掲載されている先人や先哲の格言を教材として使い，自分の課題は何か，共感した格言は何か考えさせる指導方法。知識偏重の指導としない。格言はプレゼンテーションソフトで提示する。

熱心に格言を見入る生徒たち

自分の宝物の格言を発表する生徒

おすすめポイント

- 格言は先人や先哲の生き方や考え方を示す教材として最適である。
- 生徒たちに縁遠いと思われる格言も現代とつなげることができる。
- 新しい「道徳の時間」として，「関心・意欲・態度」「思考・判断・表現」「資料活用の技能」「知識・理解」の4観点のある授業をめざしている。本授業は主に「知識・理解」の観点がある。
- 提示の仕方の工夫で，生徒の知識欲を旺盛にできる。

①授業の概要

　『私たちの道徳』は４つの視点で24の内容項目で構成されている。格言も内容項目にそって51の格言が掲載されている。それらを使って発達段階に応じた授業を３年間で計画的にする。本時は２学年２学期の授業で，週をまたぐ２時間授業の１時間目である。

　本時の導入で生徒の動機づけとして，「自分の課題を解決できる」「共感する」格言を探すこと，それを言葉の宝物にすることを提案する。

　プレゼンテーションで格言を提示（関連するＪポップを流す）。気になる格言をメモさせ視聴させる。

　次に宝物にしたい格言を決めさせ，「格言」「どんな人」「先人や先哲の名前」を身につけさせ，選んだ理由をワークシートに書かせる。本時では数名に発表させる。

　２時間目の前半は，本時で発表できなかった生徒に発表させる。

　後半は，格言と現代をつなげるために格言と関連する現在の実話を紹介する。このことで格言のとらえ方を深められる。

②授業計画

【１年生】「言葉の宝物１〜４」１〜４の視点で１年生の発達段階で意
　　　　　味が理解できる格言を使っての授業
【２年生】
　　１学期「言葉の宝物１」１の視点の格言
　　２学期「言葉の宝物２」２の視点の格言
　　　　１時間目……言葉の宝物さがし（知識を身につける）【本時】
　　　　２時間目……発表，意味を深く理解する（知識を深く理解）
【３年生】「言葉の宝物３・４」３・４の視点で格言を使って授業
---

③本時の略案

教材名：「言葉の宝物２」２年生　内容項目２―（１～６）他者とのかかわり

ねらい：先人や先哲の格言を自分の課題解決や生き方につなげて身につけさせ，これからの生活に生かそうという態度の育成をめざす。

展開	学習活動と主な発問や指示	評価の観点				指導上の留意点
		関	思	技	知	
導入	1　1学期の授業を振り返る。	○				○人生において，時に言葉が自分を助けてくれることがあることを思い出させる。 ○前回は自分自身に関する格言，今回は他者とのかかわりに関する格言であることを確認する。
	①「1学期に身につけた自分の『言葉の宝物』を覚えていますか。なぜ，この学習をするのですか。」					
	めあて：自分の課題を解決できる。自分の生き方に通じる，先人や先哲の格言を自分の言葉の宝物として，見つけ，身につけよう。					
展開	2　プレゼンテーションを見て，格言を宝物として身につけ，発表する。		○			○自分の課題を解決できる，生き方という視点で，気になる格言をメモすることを指示し，音楽を流しながら提示する。
	①　格言の意味を確認する。			●		○机間巡視し，格言の意味を理解していない生徒を支援する。 ○トピックとして孔子を紹介する。他の格言も簡単に意味を説明する。
	②　自分の言葉の宝物を見つけ，選んだ理由を考える。		○			○課題解決，生き方というとむずかしく考えすぎるので，課題解決をどんなときに思い出したいか。生き方を共感に置きかえてよい。
	③　自分の言葉の宝物を身につける。			●		○身につける内容例を使って説明する。また，「格言」「どんな人」「先人や先哲の名前」を身につける。全員発表すること，選んだ理由はワークシートを見ていいことを確認する。
	④　発表する。					○小グループ交流，全体交流で発表させる。（全体での発表は数名）

終末	3	本時の振り返りと2時間目の予告	○		○本日の振り返りをし、2時間目につなげるために教師の言葉の宝物を紹介する。 ○全員発表することを予告する。

④指導の実際

先人や先哲の生き方や考え方を手がかりとした教材

　教材は『私たちの道徳』にある先人や先哲の生き方や考え方を示す格言（他者とのかかわりに関する視点）を使う。格言はプレゼンテーションソフトを使い，1スライドに対して1格言とし（p.216資料④，⑥），18の格言を提示する。また，雰囲気作りに自分と他者とのかかわりがイメージできるJポップ音楽を流す。

本時（導入・めあてを確認する）

　1学期の「言葉の宝物」を『私たちの道徳』を使って振り返る。生徒の発表を通して，1学期の言葉の宝物（自分自身に関する）を想起させ，人生で時に言葉が自分を助けてくれることを思い出させ，今回は他者とのかかわりに関する格言であることを確認した。また，めあての「自分の課題を解決できる，自分の生き方に通じる先人や先哲の格言を身につける。」を示した。生徒は「今日の音楽は何を使うのですか。」等と格言とともに使用する音楽にも興味津々であった。

本時（展開・先人や先哲の格言を知る）

　ワークシート配布後，音楽を流しながら，無言でスライドを提示した。スライドの1～2枚目は教師のメッセージが表示される（p.216資料①，②）。3枚目から本題の格言（資料④，⑥）である。スライドは，アニメーションを使って，格言を少しずつ小出しで提示した。このことで，生徒たちは次にくる言葉や誰の格言か予想しながら，真剣に視聴し，気になる格言はワークシートに『私たちの道徳』の掲載ページ等をメモした。

本時（展開・言葉の意味を知る・言葉の宝物さがし）

　視聴後は『私たちの道徳』を使って，格言の意味を簡単に確認した。そ

の中で孔子の格言はむずかしいこともあり，トピックとして詳しく説明した。次に生徒にメモをもとに，課題解決をどんなときに思い出したいか。自分の生き方を共感に置き換えて，選んだ理由を考えさせながら自分の言葉の宝物等をワークシートに書かせた。

　格言の意味の理解がむずかしいと思われる生徒もいるので，個別指導で「先生はこのようにとらえている」と格言の意味を説明した。理由を「なんとなくいいと思いました。」と答えたＡ君に対しては，「それはあなたが格言に共感したからだよ。生きていくうえで大切にしたい宝物になるかも」とアドバイスすると安心したように理由を書きだした。

本時（展開・言葉の宝物を身につける。近くの友達と交流）
　交流の前に何を身につけるか例を示して説明した。
○格言と先人や先哲の名前「優しい言葉は，短くて簡単なものであっても，ずっとずっと心にこだまする」……マザーテレサ
○どんな人……「貧しい人を助けた修道女」※左のように簡単でもいい。
　最終的には全員発表すること，選んだ理由やどんなときに思い出したいかはワークシートを見ていいことを告げた。
　自分の言葉の宝物を必死で探し，身につけようという生徒の姿から知識欲が旺盛であると感じた。次に自分の言葉の宝物と選んだ理由を伝え合う交流である。時間を区切って，交流を促すと「誰の格言？」「私は○○を宝物にしたよ。」などと楽しそうに交流できていた。交流が苦手な生徒には，私が交流相手になるとうれしそうに自分の言葉の宝物を伝えてくれた。

本時（展開・発表する）
　本時での発表は，立候補を原則とした。発表者は堂々と発表ができ（p.210写真），みんなからの拍手をもらうとうれしそうであった。選んだ理由は「落ち込んだとき思い出したい。」など課題解決型と「心にぐっときた。」等共感型に分かれた。生徒たちの発表から人によって大切にしたい宝物（格言）は違うことを確認した。

本時（終末・本時のまとめ）
　本時を振り返り，めあてが達成できたことを確認した。また，本日発表

できなかった生徒は次回の授業ですることを予告した。
　この後，私の言葉の宝物として，劇作家の倉田百三の格言（p.216資料⑥）を示し，自分が結婚前に彼女の実家へ行ったエピソードを話した。2学年は異性に関して興味や関心が出てくる時期である。生徒たちは興味津々で聞き入った。この話は2時間目に重点とする道徳的価値「正しい異性理解と人格の尊重」の布石にするねらいがあった。

2時間目
　2時間目は前半で全員の発表を実施し，後半は倉田百三の格言にある道徳的価値と，フィギュアスケートペアの井上玲奈さんと彼女の傷ついた心と体を見守り，癒し，競技人生を歩んだジョンの男女のあり方について話をした後，競技後の氷上のプロポーズの映像を視聴させた。生徒全員が真剣に視聴し，中には涙を流す生徒もいた。生徒の様子や感想（p.217資料⑧）から本観点と道徳的価値をつなげ，知識を深く理解することができたと考えた。

⑤まとめ

　これまでの「道徳の時間」は，知識を身につけることはなかった。本指導は，生徒の授業中の様相やワークシートの感想（p.217資料⑦～⑨）などから，人格形成に生かす基盤として知識を身につけさせることの有効性を示し，新たな可能性を生み出したと考える。
　先人や先哲の生き方や考え方は普遍的な道徳的価値として，生徒の課題を解決するものであり，自分の生き方のヒントになると考える。しかし，生徒にとっては遠すぎる存在であるのも事実である。今回の授業のように現代の実話などとつなげれば，身近な存在にすることができるとともに，格言の意味を理解し，道徳的価値を深めることができると考える。

⑥文献

・『私たちの道徳』文部科学省

⑦教材・ワークシート

資料①「教師からのメッセージ」

もっと
人に　自分の気持ちをうまく
伝えられたら…

どう　人と接したらいいの…

誤解されちゃった…

なんて思ったことありませんか？

資料②「教師からのメッセージ」

言葉の宝物　2

あなたの言葉の宝物が
助けてくれるかもしれませんよ。

資料③「格言提示前に課題提示」

友達って何だろう？

資料④「格言提示」

しばらく二人で黙っているといい。

その沈黙に耐えられる関係かどうか。

キルケゴール
デンマークの思想家
1813～1855
p65

資料⑤「格言提示前に課題提示」

異性

どう接すればいいの？

資料⑥「格言提示」

愛とは
　他人の運命を自分の運命とすることである。
　他人の運命を傷つけることを
　畏（おそ）れる心である。

倉田百三（くらた　ひゃくぞう）
劇作家
1891～1943
p71

【ワークシート（言葉の宝物２）】

資料⑦　選んだ理由

発問２　選んだ理由は？　どんなとき思い出したい？

> 心にぐっと響き、自分の目指すものに近かった、共感した。
> 自分が伸び迷んだとき、自分が負けたくないときに思い出したい。
> また、このような人間になりたい。

> 生きる目的を見つけられそうだから。
> 大きな失敗をしてしまって、希望を持てなくなった
> ときに思い出したい。

資料⑧　倉田百三の格言と異性理解をつなげた感想

２年生　異性理解の格言（倉田百三）と井上玲奈さんとジョン　で感じたこと

> 井上玲奈さんは、がんや父の死といった大きすぎる試練を乗り越
> え、運命の人と出会い父に手向けができていた。相手の男の人も互いに
> 愛し、支えあうことで１つの大きなことができるのだと思う。

> 井上玲奈さんが苦しい中で必死にがんばっているのをジョンさんは
> 支えていっしょに目標に向かってがんばっている様子が倉田百三さんの
> 格言に似ているので、深く考えることができました。

資料⑨　授業後の感想

本日の感想

> 自分の言葉の宝物を見つけることができた。
> 私は、友達についてしっかり考えることができた。大好きな曲の歌詞に
> 「空晴らすみ渡り　海を目指して歩く　怖いものなんてない　僕らはもうひとりじゃない」
> というのがある。友達がいれば大丈夫だということが改めて分かった。
> 家に帰って自分でも調べたい。

> 他の人とが動画を見て、人は一人では生きていけないということも改めて
> 知りました。人と人が支えあって生きれるのかなって思いました。
> だから自分も人を支えて、助けられるような人になりたいです。
> 強く優しい人間になりたいです。あとちゃんと意識せずに
> 感謝の気持ちを言葉と態度に表していけるようになりたいです。
> マザーテレサの一言を忘れずにこれから生活していきたい
> です。

第3章 実践編 中学校 5

問題解決的な学習とソーシャルスキルによる「異性の理解」の授業

丹羽紀一

目標と方法

　一般に異性への関心が強くなる中学生が，互いに異性についての正しい理解を深め，相手の人格を尊重する力を身につけることは必要であり，キーコンピテンシーにおける人間完成形成能力にもつながる。

　本授業では，学校生活であり得る事例に対する問題解決的な学習やソーシャルスキルトレーニングに取り組み，異性と正しくかかわる能力を育てる。

おすすめポイント

- 本授業で取り上げる事例は，学校生活で起こり得る場面であり，授業の実施後，直ちに生徒が実践へと結びつけることができる可能性がある。
- 学級全体での話し合いにより導き出した解決策を検証するための役割演技を行うことで，体験的に問題解決することができる。
- 筆者は，中学校特別支援学級（自閉症・情緒障がい）で実践を行ったが中学校通常学級でも実施可能な内容となっている。

①授業の概要

資料名：こんな時にはどうする？（自作資料）　2―（4）異性の理解
ねらい：異性に関心をもつことは自然な成長の流れだということを知り，異性の特性やよさを認め，異性を尊重して生きていこうとする態度を養う。
実施学級：中学校特別支援学級（自閉症・情緒障がい）3年生男子3名

　本学級に所属する生徒は，将来の自立に向けて，障がいによる対人関係や社会性に関する困難を改善・克服していく必要がある。そして，通常学級の生徒と同様に，異性についての正しい理解を深め，異性の人格を尊重する力をつけていく必要もある。

- 通常学級の生徒と同様に，異性に関心をもち，学校生活において，異性とかかわる機会をもちたいという願いをもっている。
- 異性と正しくかかわる能力が乏しく，学校生活を送る中で，ひとつひとつ身につけていく必要がある。

　以上が，異性の理解にかかわる本学級の生徒の実態である。
　内容項目が異性の理解である本授業を行うにあたり，既存の資料を探したが，通常学級の生徒と比べて異性とかかわる経験が少なく，生徒が実感しやすい読み物資料が見つからなかった。そこで，新たな資料を作成して用いることにした。作成した資料は，学校生活で十分に起こり得る2つの場面から構成されており，1つは隣席の女子に対して少しずつ好意を抱き，さらに深くかかわりたいときに，どうしたらよいかを考える場面となっている。もう1つは，日ごろから男女の仲がよくない班が，理科の実験に手際よく取り組み，成功するにはどうしたらよいかを考える場面となっている。
　自己や他者の心情を読み取ることに困難を抱える本学級の生徒にとっては，読み物の登場人物の心情理解のみで道徳的価値に迫る授業展開は必ずしも有効とはいえない場合があり，多様で効果的な指導方法が大切になっ

てくる。よって,展開後段では,自作資料を用いて,問題解決的な学習に取り組む。問題解決的な学習は,「①道徳的問題の状況を分析し,解決すべき課題を見つける,②解決策を自由に構想する,③解決策を吟味する」の手順で行う。本授業では「登場人物はどうすればよいのだろうか」「もし自分だったらどうすればよいのだろうか」という視点で,生徒が主体となって考え,学級全員で1つの解決策を作成する。

　生徒の思考の中での解決に加え,体験的な活動をしていくことでより効果的な問題解決になると言える。したがって,役割演技を行うことで解決策を吟味する。無事に問題を解決することができた場合はよいのだが,もし,解決策が不十分で困難が生じた場合には,時間があるかぎり再検討していくことにする。

　役割演技を行う中で,どのように演技をしてよいかがわからない生徒は,発達段階に応じた異性とかかわる能力が身についていないととらえる。よって,教師が相手となりソーシャルスキルトレーニングをしていくことにする。ここでは,生徒の実態に応じて,①教師の一挙手一投足のまねをする,②教師が手順を示した後にやってみる,③仲間からの助言をもらいながらやってみる,といった方法が考えられる。

②授業計画

事前 交流および共同学習	・東京研修に向けての班活動(見学場所決め・仕事の分担) ・共同学習に取り組む教科における班活動・ペア学習
非構造化面接	・異性と接することに対してどのような考えをもっているか。 ・異性と接するときに困っていることはないか。
本時(道徳)	こんなときにはどうする？　2—(4)異性の理解
事後 交流および合同学習	・東京研修に向けての班活動(見学ルート決め・仕事の取組) ・共同学習に取り組む教科における班活動・ペア学習 ☆東京研修☆　班別研修(東京都内見学等) ・東京研修振り返り(班別研修の振り返り)

第3章　実践編　中学校　5　問題解決的な学習とソーシャルスキルによる「異性の理解」の授業

③本時の略案

過程	学習活動	指導・援助
導入（8分）	○『私たちの道徳』p.66の文章を聞き，感想を言う。 ・男女が協力することはなかなかできない。 ・男女が互いを尊重し合うことは無理だ。 ・ほんとうは，異性と仲よく協力したい気持ちもある。	・異性に対して思っている本音を具体的な言葉で話すことができる雰囲気作りをする。 ・ほんとうは，異性と仲よく協力したいという気持ちを引き出す。
展開前段（12分）	○『私たちの道徳』p.67の「互いによりよく理解するために」を見て，自分が考えたことについて話し合う。 ・書いてあることは，僕（私）も同じことを思う。 ・男女お互い様だと思う。 ・すべての異性に言えることではないと思う。 ・できるだけ，異性の好きなところ，よいところを見ていくように努力できるとよい。	・「異性のここが好きだ・嫌だ」を見て自分が考えたことを，『私たちの道徳』に書き込むように声をかける。 ・意見交流を通して，異性には，嫌なことだけでなく，好きなこともあるということを押さえる。
展開後段（20分）	○次の2つの場面で，異性とどう接したらよいか考えてみよう。 〈日常生活の場面〉 学級で気になる異性と仲よくしたいときには，どうしたらよいでしょうか。 ・適切な距離を保ち，会話や活動が楽しくなるようにする。 ・相手の気持ちを考えた言動をする。 ・周囲の仲間の目も考えた言動をする。 〈授業の班活動の場面〉 授業で班活動を手際よく進めたいときには，どうしたらよいでしょうか。 ・男女の分け隔てなく，全員で仕事を分担して活動していくとよい。 ・全員で活動することが互いを高めることになる。 ・授業だけでなく，日ごろから男女で話をしていくとよい。 ・東京研修でも，男女仲よく過ごしていきたい。	〈問題解決的な学習〉 ・各場面の問題を明確にし，問題を解決するためにはどうしたらよいかを考える。 ・自分の考えをワークシートに書き，その後，意見交流する。 〈深めの発問・役割演技〉 ・学級で導き出した解決策をもとにして役割演技を行うことで，解決策が正しいか吟味する。 ・役割演技をすることが困難な生徒には，教師が異性役となり，ソーシャルスキルトレーニングを行う。 ・異性を正しく理解し，相手を尊重した態度で接することが大切だということを確認する。
終末（10分）	○これからの学校生活で異性と接するときに，心がけていきたいことを考えよう。 ・異性の気持ちを大切にした言動をしていきたい。 ・男女で協力して授業の活動（班活動）に取り組みたい。 ○教師の説話	・道徳ノートに記入する。 ・自分の気持ちを伝えながら，異性の気持ちも考えた言動をしていこうとする目標を立てることができたか。

④指導の実際

　導入および展開前段では,『私たちの道徳』を活用した。導入では,授業者がp.66の文章を読んだ後に,生徒に感想を聞いた。すると,
Aさん：「互いを尊重し合うことが必要なのは,男性も女性も変わらない」というのは,そのとおりだと思う。
Bさん：「望ましい社会生活が営まれる」かどうかは,人によって違う。
Cさん：「互いを見始め,気になって仕方ないこともある」という箇所が印象に残った。
という言葉が返ってきた。異性に関心があり,上手に接していきたい気持ちはあるのだが,自分にできるだろうかという不安がある様子だった。
　展開前段では,まずp.67の「異性のここが好きだ」「異性のここが嫌だ」を教師と一緒に見て,自分が考えたことを発表し合った。すると,
Aさん：人によって異性のとらえ方は違う。女子に怖いイメージがある。
Bさん：異性の好きなこと,嫌なことは人によって異なる。
Cさん：女子にはやさしい人もいるけど,怖い人もいる。
　彼らは,女子に対して怖いイメージをもっているようだが,異性とかかわる経験が少ないことやかかわり方がわからないことが原因だと考えられる。異性の嫌な面も確かにあるが,できるだけよい面を見ていきたいという結論に至った。
　展開後段では,問題解決的な学習に取り組んだ。2つの場面について,自分の考えをワークシートに記入した後,意見交流を行った。
〈日常生活の場面：気になる女子にはどう接したらよいか？〉
Aさん：まずは楽しく話したりいろいろなことをしたりすることから始める。仲がよくなったら,自分の思いや考えを伝えていく。
Bさん：相手が興味をもっていることについての話をする。
Cさん：相手が喜ぶようなプレゼントをする。
　後ろから急に肩をたたくなどしてしまうと異性が驚く。まずは,異性の

気持ちを大切にし，話しかけることから始めようという解決策を導き出した。

〈授業の班活動の場面：実験が成功するためにはどうしたらよいか？〉
Ａさん：男女の信頼関係を深めることが大切だ。
Ｂさん：話し合っていくことが信頼関係を深めることにつながる。
Ｃさん：チームワークよくできないことはやらないほうがよい。

　他教科の授業，体育祭，合唱祭，間近に迫った東京研修でも同じであり，日常生活で信頼関係を築いていくことが大切だという解決策を導き出した。
　次に役割演技を行うことで，解決策が正しいかどうかについて吟味した。

〈日常生活の場面：気になる女子にはどう接したらよいか？〉
　女子役の生徒１名に，男子役の生徒２名が実際に話しかけてみた。内容は，女子役の生徒が興味をもっているテレビ番組のことであった。

〈授業の班活動の場面：実験が成功するためにはどうしたらよいか？〉
　生徒が男子役，授業者と支援員が女子役となり，理科の実験が始まる際にどのような声をかけるかを試みた。Ａさんが「今日は協力してやろうぜ。」と言ったところ，Ｃさんが「よい言葉だ！」と後に続いた。

　授業の班活動の場面の役割演技で戸惑ったＢさんには，その場でソーシャルスキルトレーニングを行った。Ａさんの後に続けるとよい言動をいくつか例示し，Ｂさん自身が自分にできそうな方法を選択するようにした。
　終末では，今後の学校生活で異性と接するときに心がけていきたいことを考えた。Ａさんは「相手のことを考えて話をしていくことが大事だとわかった。授業だけでなく，普段の生活でも大切になってくる。」と書いた。

⑤まとめ

　日常生活と授業の班活動の場面を設定したことで，生徒たちは現実的な問題ととらえて問題解決的な学習に取り組むことができた。役割演技では，解決策をより自然な言動になるようアレンジして演技することができた。異性に対しての苦手意識を示す場面もあったが，基本的には，異性と楽しい時間を過ごしたいという願いを生徒はもっていることがわかった。ソーシャルスキルトレーニングについては，あらかじめ手立てを準備していたが，授業で見せる生徒の姿によって臨機応変に対応していく必要がある。

⑥文献

・文部科学省『私たちの道徳』廣済堂あかつき，2014年
・柳沼良太『「生きる力」を育む道徳教育』慶應義塾大学出版会，2012年
・柳沼良太『問題解決型の道徳授業』明治図書，2006年
・柳沼良太『問題解決型の道徳授業事例集』開成出版，2009年

⑦教材・ワークシート

　次ページに示す「道徳ワークシート」を作成し，生徒が自分の考えを書き込むようにした。終末では，下表を使い思考の深まりを自己評価した。

4：よくできた　3：できた　2：あまりできなかった　1：できなかった	
①資料で，登場人物の立場になって考えることができた。	4・3・2・1
②資料で，自分だったらどうするかを考えることができた。	4・3・2・1
③自分の考えをもち，書いたり発表したりすることができた。	4・3・2・1
④授業の終わりにこれからのめあてを見つけることができた。	4・3・2・1
⑤仲間の考えを聞いて，自分の考えが変わったこと・自分の考えが深まったことを書こう。	

道徳ワークシート　「こんな時にはどうする？」

　　　　　月　　　日　　名前　[　　　　　　　]

次の場面で、異性とどう接したらよいか考えてみよう。

①日常生活の場面
　ぼくの教室のとなりの席は、あけみさんという名前の、いつも笑顔で親切な女子です。あけみさんは、勉強も運動もよくできて、ぼくの学級の男子のあこがれの存在です。
　あけみさんは、男子にも女子にも親切です。ぼくが勉強でわからないことがあったときには、わかるようになるまでていねいに教えてくれます。消しゴムを忘れてしまったときにも、「今度から気をつけてね。」と笑顔で貸してくれます。
　最近ぼくは、休み時間もあけみさんともっと話したらと思うようになりました。そのような時には、どうしたらよいのでしょうか。

[　　　　　　　　　　　　　　　　　　　　　　　]

②授業の班活動の場面
　ぼくの班は、男子三人、女子二人の五人です。必要なとき以外に、男女が話をすることはありません。理科の授業では、ほとんどの時間で実験があり、班の仲間というよりに取り組みます。
　しかし、ぼくの班の実験は失敗続きで困っています。前回の気体を作る実験では、途中でビーカーを割ってしまい、他のグループよりも作業が遅れ、最後まで気体を作ることができませんでした。授業後には、男女が責任をなすりあい、最悪の雰囲気になってしまいました。どうしたら、実験が手際よく進み、成功するようになるのでしょうか。

[　　　　　　　　　　　　　　　　　　　　　　　]

第3章 実践編 中学校 6

道徳性の認知的・情意的・行動的側面から総合的に働きかけていく授業

土井智文

目標と方法

本実践では，規範意識など重点化するべき目標をシリーズ化し，道徳性の認知的・情意的・行動的側面を総合的に育成する授業を行うことで，道徳的価値の理解や思考，それらを実践する意欲の向上や実践方法等を系統的に習得し，生活の中で出合う具体的な道徳的問題を他者とのかかわりの中で解決できる力を養うことをめざした。

おすすめポイント

・多面的アプローチにより，心情から行動までを系統的に結びつける，実効性のある道徳授業を行うことができる。
・一つの重点価値をシリーズ化した授業により，道徳的価値にかかわる基礎から応用までを着実に習得させることができる。

①授業の概要

本実践では，今日的な課題の一つである「規範意識の醸成」をテーマとし，道徳性の多面的アプローチを行う中で，学級生徒の規範意識を高めることをめざした。岐阜市立S中学校1年生の学級（男子15名，女子14名）は「授業中に1人が話し始めると他の人も流されて話し始める雰囲気があり，授業の進行が滞ったり，解説を聞かない生徒がいたりする」というような状況があった。

このような状況で，「授業中は静かにするべき」「注意したほうが良い」といったことを頭ではわかっているが，実際に行動することができない生徒は多い。また逆にそれらの行動をできていたとしても，「なぜ静かにしなければならないのか」といった，その奥にある考え方や人間共通の弱さといったことに気づけなくては，人格形成には繋がらない。

そこで，次のように道徳性の三側面（認知的・情意的・行動的側面）を養う学習活動や発問を意図的に授業に組み込む必要がある。

道徳性の三側面に対応した発問例と学習活動

	発問例	学習活動
認知的側面	「なぜ○○は〜したのだろうか」 「○○はどうすればよいだろうか」 「自分なら何を考え，どう行動するか」	モラルジレンマ資料 問題解決型の授業
情意的側面	「このとき，○○はどんな気持ちだっただろうか」 「○○のことをどう思うか」	心情把握型の授業
行動的側面	「今後自分はどうしていきたいか」	体験活動 道徳的行為にかかわる指導

本実践では，そのような授業を組み込んだ小単元を構成することで，内容項目「責任感」「公正・公平」「思いやり」を複合したねらい「相手を尊重しながらも，注意や呼びかけなど，役割における責任を果たすことができる」を設定し，実践できる学級をめざした。

②授業計画

規範意識の醸成に向けた道徳授業の小単元構成

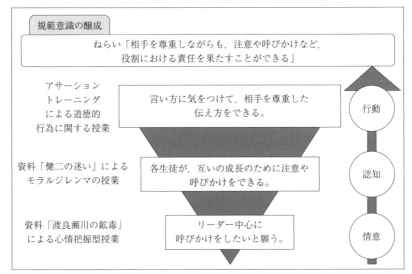

③本時の略案

第1時「渡良瀬川の鉱毒」

主題名：公正・公平　4—（3）〈資料名「渡良瀬川の鉱毒」〉

ねらい：田中正造の気持ちや行動について考えることを通して，周囲に影響されたり，自己中心的な考えに陥らず，自他の不正や不公平を許さない断固とした姿勢をもち，自分が正しいと信じることを積極的に実践する心情を養う。

基本発問

○政府が解決に向けて動いてくれないことに対して，正造の気持ちはどうであったか。

○正造はなぜ，実力行使に訴える農民を必死におしとどめたのか。

◎衆議院議員をやめ，危険な状況にある村に移り住んでまで鉱毒問題に打

ち込もうとしたのは，どのような気持ちからか。

第2時「健二の迷い」
主題名：「ほんとうの友情・思いやりとは」〈資料名「健二の迷い」〉
ねらい：健二が大輔の不正を言うか言わないかについての話し合いを通して，自分とは異なる意見を聞き，ほんとうの友情や思いやりについての考えを深め，どうすることが正しいのかを考えることができる。

基本発問
○大輔のカンニングを見てしまったとき，健二はどんな気持ちだったか。
◎あなたが健二だったら，この後どうしますか。
○健二はこれからどうしたらいいと思いますか。

第3時「アサーショントレーニング」
題材名：「伝え方を学ぼう（コミュニケーション力を高めよう）」
ねらい：自己表現の3つのタイプとその特徴を知り，相手も自分も大切にする言い方について考えることを通して，問題を解決し，よりよい人間関係を築いていく能力を養う。

本時の展開

	学習活動	指導上の留意点
導入	1　問題場面での自己表現に関する教師の経験を聞き，本時のねらいを理解する。 ・自分だったらどのように話すかを考える。 ・相手に行動を改めてほしいときの適切な言い方について考える。 　　よりよい言い方について考えよう。	◇日常的によくある「言いたくても，言えない」教師自身の経験を話し，生徒の関心を高める。
展開	2　代表的な3つの自己表現について理解する。 ○教師モデルのロールプレイを見る。 ○二人組でシナリオにそってロールプレイする。 　（役割を交代して両方の立場で行う。） 〔ロールプレイ後，「ふりかえりシート」に記入〕 ☆Aさん，Bさん，Cさんの話し方の中で ・やってみていちばん気持ちがよかったのは？ ・やってみていちばんいやな気持ちになったのは？ ☆3人の相手役の中で，	◇3つの表現方法の違いがわかるように，TTでデモンストレーションを行う。 ◇3つのタイプそれぞれの表現についてロールプレイを行わせることで，サンプルを示すとともに，

	・いちばん気持ちがよかったのはどの人が相手のとき？ ・いちばんいやな気持になったのはどの人が相手のとき？ ☆ロールプレイが両方終わった後で ・自分がやるのも，相手役をするのでも気持ちがよかったのはどの人のとき？ ・その理由を書いてみよう。	言う側，言われる側の気持ちを考えさせる。
	○ワークシートに記入し，自分の考えを発表し，人物の印象をまとめる。 ○自己表現の3つのタイプを知る（ジャイアン型，のびた型，しずか型）。 3　相手に行動を改めてほしいときの適切な言い方について考え，実践する。 ○相手に行動を改めてほしいときの適切な言い方について考える。	◇3つの表現のそれぞれに該当した生徒を取り上げる。
	（場面1）となりの人が，あなたの消しゴムを黙って使いました。そのときあなたはどのように言いますか。	◇アサーティブな考え方を深められるように，ジャイアン，のびた，しずかの順で言い方を考えられるようにする。 ◇それぞれの言い方を，言われる側から考えることができるように，言われたときの気持ちを考えさせる。
	・ジャイアン型，のびた型，しずか型のそれぞれの言い方を考える。 ・それぞれの言い方で言われたときにどう思うかの感想を発表する。 ・しずか型の言い方には，どんな特徴があるかを考える。 　①困っている状況や理由（事実） 　②困っている自分の気持ち 　③相手にどうしてほしいか（提案） 　④お礼の言葉 ○問題解決のロールプレイを行う。	
	（場面2）いつも掃除の時間に遅れてくる人がいました。その人は遅れるだけではなく，掃除の時間中，おしゃべりばかりして，まじめに掃除をしていません。その人にあなたはどう言いますか。	
終末	・しずか型の言い方を意識し，ペアでロールプレイを行う。 ・全体でも代表生徒がロールプレイを行う。 4　これまでの学級での呼びかけや注意をどのように行ってきたか，これからどう行うかを考える。 ・ワークシートに記入する。 ・どの場面で誰に対して行うのかまで考える。	◇ロールプレイを行ううえでの注意事項を伝える。また，教師によるモデルを示す。 ◇日常生活に結びつけて考えることができるように，生徒を意図的に指名し，発言を促す。

④指導の実際

　第1回目の授業では，道徳性の情意的側面を養うために，「渡良瀬川の鉱毒」（東京書籍）を用いた。生徒たちは，鉱毒で苦しむ住民を救うために当時の政府や企業と戦った田中正造の凄まじい生き方を共感的に理解して称賛し，自分たちも正義を貫く生き方をしたいと語り合った。

　また事後指導としては，ワークシートへの朱筆や朝・帰りの会における教師の話により，学んだ価値を実践へと繋げることを試みた。その結果，リーダーの呼びかけに改善が見られたことがわかった。しかし全体として見ると，まだ呼びかけが少ないこと，またリーダーの呼びかけに反発する生徒が見られることが課題としてあげられた。実際に呼びかけを行えない生徒と面談を行ったところ，その理由として，相手との関係を気にかけ，呼びかけや注意を行えなかったり，呼びかけを行うリーダーの思いを考えられなかったりすることが明らかとなった。また偉人と生徒たちでは時代的，政治的，生活的にギャップが大きいため，すぐにロールモデルにはできないということも考えられた。

　そこで第2回目の授業では，身近な話題で道徳性の認知的側面を養うために，葛藤資料「健二の迷い」（明治図書）を用いた。友達に数学の勉強を教えてもらっていた主人公が，テスト当日にその友達がカンニングするのを見つけ，葛藤する話である。

　授業では「あなたが健二だったら，この後どうしますか」と尋ね，生徒同士で議論するよう設定した。一般的には正直に先生に報告するべきであろうが，告げ口をすることも，勉強を教えてくれた友達への恩を仇で返すことになる。生徒たちは悩みながらも，「ほんとうの友達だからこそ，相手に注意や呼びかけを行うべきだ」と結論づけた。

　授業で得た価値を道徳的実践へと繋げるために，朱筆入りのワークシートを返却し，また帰りの会では，この授業に関連させながら生徒に話をした。複数教師による観察をもとに，筆者は授業後数日間の呼びかけや注意

第2回授業後の呼びかけの様子

	Y.I 授業前，それぞれの係が自分の役割を始めるよう声をかけた。	K.K	A.T	Y.N	Y.K
R.K	Y.S 授業前，それぞれの係が自分の役割を始めるよう声をかけた。	N.T	A.K	R.S	K.K 授業中に挙手発言や反応の呼びかけを行った。
S.S	A.H	S.I	A.Y 全体への係りとしての呼びかけだけでなく，自分の班員に呼びかけを行うように注意した。	S.Y 情報班班長として，授業前に「教科書とノートを開いてください」と呼びかける。	T.Y 授業前，それぞれの係が自分の役割を始めるよう声をかけた。
N.O 全体への係としての呼びかけだけでなく，自分の班員に呼びかけを行うように注意した。	K.K 授業前，着席の呼びかけを全体へ行った。	N.H 授業前，着席の呼びかけを全体へ行った。	M.O 全体へ，着席など授業前の呼びかけを行った。	A.S	D.S 授業前，それぞれの係が自分の役割を始めるよう声をかけた。
T.M	T.H 授業前，それぞれの係が自分の役割を始めるよう呼びかけた。	R.T 給食委員として，給食配膳タイムの呼びかけを必死に行っていた。	H.S 授業前，それぞれの係が自分の役割を始めるよう声をかけた。	K.T 生活委員として，授業前の服装の呼びかけを行っていた。	Y.I 国語係として，「漢字のとびら」を出してねと全体へと呼びかける。

教卓

を行う生徒の姿を改めて机列表に記録した。その結果，授業前よりも多く学級の中で呼びかけや注意を行う生徒の姿が確認できた。しかし，攻撃的な注意の仕方をする生徒がいたり，また依然として上手く仲間に注意をできない生徒が見られたりと，新たな課題も浮上してきた。

そのため第3回目の授業では，道徳的行為に関する指導としてアサーショントレーニングを行うことで，行動的側面の育成を意図した。具体的には「となりの人が自分の消しゴムを勝手に使った場合どうするか」「掃除の時間に怠けて遊んでいる生徒にどう注意するか」といった日常場面において，これまで扱ってきた道徳的価値を道徳的実践として表出させることを意図した。こうした問題場面で頭ごなしに相手を注意すれば，相手も気

分を害して人間関係が悪化する可能性がある。しかし黙って見過ごせば，自分が嫌な気持ちになったり，そうした悪事が再び起こったりするかもしれない。そこで，相手を尊重しながらも自分の考えを的確に伝える方法をさまざまに考えた。そして，ペアになって複数の解決策を役割演技することで最善策を考え，道徳的実践力を高めた。授業後，「伝え方」について帰りの会等で話すうちに，呼びかけの声がいっそう増え，また表現が多少柔らかくなった。

⑤まとめ

　以上，三回の授業実践を紹介した。その中で生徒の記述を継続的に綴ることで，生徒の成長や「規範意識」に関する思考の変容が見えてきた。例えばある生徒は，初めは「自分を守って，何か気づいたことがあっても言わないのではなく，人や仲間のために動ける自分になりたい」と記述しており，田中正造という自分とは遠い人物をイメージし，「人や仲間」と不特定多数の人物を対象にしていた。しかし健二の迷いでは，「友達だからといって見過ごさない友達関係を作っていきたい」と記述し，その願いを学級の友人へと向けるようになったことがわかる。実際に授業後，学級の仲間へ注意や呼びかけを行う姿が見られるようになった。また最後のアサーショントレーニングでは，自分自身の言い方へと意識を向けていた。

　このように，道徳性の認知的側面，情意的側面，行動的側面の三側面をバランスよく育むアプローチを行ったことで，生徒が一つの道徳的価値について，なぜ価値が価値足りうるのかを理解し，その価値を自分に引き寄せて考え，実践したいと願い，実際に行動に移す段階にまで結びつけることができる。

　さらに規範意識など重点化するべき目標をシリーズ化した授業を行うと，ねらいとした道徳的価値を着実に習得させることができ，実効性のある道徳教育を行うことができる。道徳教育で即効性を求めることにはむずかしさがあるが，だからこそ本実践のように総合単元的に取り組み，少しずつ

「生きる力」を育成していく必要がある。

⑥参考文献・教材・ワークシート

・荒木紀幸『モラルジレンマ資料と授業展開　中学校編　第2集』明治図書，2005年
・第3回授業・アサーショントレーニングのワークシート

伝え方を学ぼう

名前（　　　　　　　　　　　　）

1．あなたなら，このとき相手にどんなことを言いますか。

　

2．実際に声に出してみて，気持ちを考えてみましょう。
（1）Aさん，Bさん，Cさん役の中で，やってみていちばん気持ちがよかったのは？（　　）
　　　　　　　　　　　　　　　　　やってみていちばんいやな気持になったのは？（　　）
（2）Aさん，Bさん，Cさんと話してみて，いちばん気持ちがよかった相手は？（　　）
　　　　　　　　　　　　　　　　　いちばんいやな気持になった相手は？（　　）
（3）下に並んでいる言葉は，どの人の話し方を表しているでしょうか。選びましょう。

Aさん	Bさん	Cさん

控え目でおとなしい　　いじわる　　自分も相手も大事にする　　はっきりしない
はきはきしている　　さわやか　　わがまま　　いばっている　　いじけている
自分の気持ちを大切にしている　　相手の気持ちを大切にする　　ガミガミ

ほんとうの友達だからこそ，相手の成長を願った忠告をする

3．相手に行動を改めてほしいときの適切な言い方について考えてみましょう。

場面1

となりの席の人が，あなたの消しゴムを黙って使いました。そのときあなたはどのように言いますか。

（ジャイアン）

（のびた）

（しずか）

4．自分自身の伝え方について考えてみましょう。
（1）これまであなたは，学級での呼びかけや注意をどのように行ってきましたか。

　

（2）あなたはこれから，学級での呼びかけや注意をどのように行っていきますか。具体的に書いてください。（どんな場面で，どんな役割で，誰に対して行うかなど。）

第3章 実践編 中学校 7 ホワイトボードを活用して「友情」について考える授業

三浦摩利

目標と方法

友情の尊さを理解して心から信頼できる友達をもち，悩みや葛藤も経験しながら人間関係を深めていこうとする道徳的実践意欲を高める。ホワイトボードを活用したグループでの話し合いを通して，多様な意見をクラス全体に伝え，友情について多面的・多角的に考え，生徒一人一人にとっての「友情について」の考えを深める。

おすすめポイント

- ホワイトボードを活用したグループでの話し合いを通して，「友情について」の生徒の考えが深まる。
- 資料中の「しんゆう」（新友，信友，深友，神友，真友，心友）という言葉から，「友情」について多様なイメージをもたせ，「ほんとうの友情」について考えさせるきっかけとする。

①授業の概要

生徒の実態
　中学生の時期は互いに心を許し合える友達を真剣に求めるようになる。そして，ときには相手に無批判に同調したり，自分が傷つくことを恐れるあまり，最初から一定の距離をとった関係しかもたない者も出てきたりする。そこで，感情の行き違いや感情の食い違いから人間関係のきしみが生じたとしても，互いの人格を尊重する視点から克服することで，よりいっそう深い友情が構築されることに気づくよう指導したい。

授業の目標
　友情の尊さを理解して心から信頼できる友達をもち，悩みや葛藤も経験しながら人間関係を深めていこうとする道徳的実践意欲を高める。

方　法
　中心発問に対する意見をグループで話し合うときに，ホワイトボードに記入させ，前に出て発表させる。意見をさらに深めるために切り返しの発問を行い，道徳的価値を引き出す。多様な意見をクラス全体に伝え，友情について多面的・多角的に考え，生徒一人一人にとっての「友情について」の考えを深める。

②授業計画

事前	事前アンケート「あなたにとって友達とはどんな存在か」を実施し，まとめておく。
本時	資料名「『しんゆう』って何？」内容項目２－（３）友情・信頼
事後	学級通信で生徒の感想を全員分紹介する。

③本時の略案

	学習活動(中心発問◎)	予想される生徒の反応	指導上の留意点
導入	・友達について考える。 ○あなたにとって友達とはどんな存在か。	・何でも話せる存在。 ・一緒にいて楽しい存在。 ・お互いに思いやれる。	・事前にアンケートをとってまとめておき，その結果を発表する。
展開	・資料を読んで話し合う。 ○中学校に入ってから仲が悪くなってしまった2人がときどき話すようになったのはなぜだと思うか。 ○「私たち，いつも一緒にいるわけじゃないけど，『しんゆう』なんです！」と言った2人はどのような関係だと思うか。 ◎ほんとうの友情とはどのようなものだと思うか。この授業で考えたことや感想なども含めて考えよう。	・仲がよかったときのことを思い出したから。 ・自分が傷つくことを恐れ，相手と距離をとったことを後悔したから。 ・いつも一緒にいなくても，お互いのことを信頼している関係。 ・心がつながっていて，なんでも話せる関係。 ・川井さんと赤松さんのようにいつも一緒にいなくても，心がつながっていて，相手の幸せを考えられる友情関係をつくりたい。	・感情の行き違いから仲が悪くなっても，ちょっとしたきっかけで仲よくなれたことを押さえる。 ・「新友→信友，深友，親友，神友，真友，心友だよ!!」という記述から2人の関係を想像させ，多様な意見を出させる。(カードの活用) ・悩みや葛藤を乗り越え，心から信頼できる友達をもち，人間関係を深めていくことの大切さを理解させたい。
終末	・教師の説話 ・友情についての考えを深める。(感想を記入する)	・みんなの意見が聞けてよかった。お互い高め合える友人関係に憧れる。	・教師が大切に育んできた友情についての話をする。

④指導の実際

資料について
　「『しんゆう』って何？」は，普段接している生徒の様子や経験から書いた自作資料である。生徒が友人へのちょっとした手紙やクラスでの班ノートに「真友」や「心友」など「親友」以外の表記をしているのを見かけることがあった。生徒に尋ねたところ，それ以外でもいろいろな漢字をあてて表現しているということであった。生徒は多様なイメージで友人をとらえ，表現していることが面白いと思い，資料化した作品である。

資料概要
　川井さんと赤松さんは私（中学校教師）が担任している生徒である。2人は特に仲のよい関係ではなかったが，実は小学校時代親友だったことを小学校時代の担任の先生から聞く。その先生は2人が小学校の卒業時にお互いに宛てて書いた手紙を預かっているということで，私に届けにきたのだった。2人はささいなことから距離をとるようになり，話さなくなっていたが，小学校時代にお互いに宛てて書いた手紙を読むことによって，感情の行き違いを克服し，よりいっそう深い友情をつくることができた。

資料活用の視点
　資料中に「しんゆう」をいろいろな漢字で書いた表現が出てくるので，展開の2番目の発問でカードを掲示し，「新友」「信友」「深友」「親友」「神友」「真友」「心友」はそれぞれどんな友人だろうと生徒に問いかけると多様な意見が出てくる。

授業記録（前半は省略，中心発問より）
T　ほんとうの友情とはどのようなものだと思いますか。この資料で一緒に考えてきたことや，自分の考えも含めて考えてみましょう。
　（ワークシートに記入する時間を与える）
T　自分の考えたことをグループで話し合いましょう。まず，順番に自分の考えを発表してください。ホワイトボードにキーワードを書いてから

発表しましょう。全員が発表したら，お互いの意見について感想を述べたり，質問があればしたりしてください。話し合いの最中に出た意見があれば，書き足しましょう。話し合いで出た意見を後で紹介してもらいます。

（グループでの話し合い）

T　では，①グループ代表，S_1さんお願いします。ホワイトボードがクラス全体に見えるようにして，前に出て発表してください。

C_1　私たちのグループでは，「信頼できる関係」「心が通じ合っている」「助け合える」「互いの気持ちがすれ違っても相手の存在の大切さに気づけたら，それがほんとうの友情」という意見が出ました。

T　互いの気持ちがすれ違っても……というのは誰の意見ですか。

C_1　C_2さんです。

T　C_2さん，詳しく聞かせてください。「互いの気持ちがすれ違っても……」というのはどんなことですか。

C_2　実は，親友とけんかして3ヶ月くらい話さないときはあって，とても後悔しました。でも，いまはその友人の大切さに気づき，仲直りすることができて，いつも一緒にいます。（その友人の方を見て微笑む）だから，今日の授業で，けんかしても相手の良いところとかいままでのことを思い出して仲直りすることで，より友情が深まると思いました。

T　素敵なエピソードですね。相手を尊重する気持ちが大事ということかな。

C_2　はい。けんかの原因を思い出してみると，自分の悪いところを言ってくれたことは，自分のことを考えてくれていたのでは……といまでは思えます。これからもお互いに相手のことを考えて言い合える関係でいたいと思います。（以下同様にグループごとに発表）

教師の説話

資料中で担任の先生が話している内容，「お互いに相手の成長とか幸せ

を願って，たまに励まし合っている感じかな。会わなくても信頼関係でつながっているというか……（省略）」は，自分の経験からきています。教師になってから忙しい毎日を過ごし，友達と一緒に過ごしていた生活から一変しました。でも，何年も会っていなくても，親友だと思え

る友達がいます。最近，出版社に勤めている友達から，「編集者として本を出版した」と本が送られてきました。とても嬉しくて思わず手紙を書き，何度かやりとりしました。（実際の手紙のやりとりの一部を読み上げる）みんなに紹介していいということだったので，紹介しました。○○子が頑張っているから私も頑張ろうという気持ちになり，幸せな気持ちでいっぱいです。皆さんも一生つき合える友人関係をこれからつくっていってほしいと思っています。では，今日の授業の最後に自分を振り返り，友情について考えたことや今後のことについて，ワークシートに記入してください。

⑤まとめ

　生徒にとって最大の関心事の一つである友情について，多様な意見を参考に，自分のこととして振り返って「ほんとうの友情」について考えることは，生徒にとって有意義な時間となった。生徒の感想に「みんなの意見が聞けてよかった」「今日考えたことを心がけて，親友と思える友達をつくりたい」「人生において大切なことを学んだ」と書かれていた。

⑥文献

・三浦摩利『中学校道徳自作資料集――生徒が思わず語り合いたくなる24の話』明治図書

・場面絵，ワークシートイラスト：くどうのぞみ（イラストレーター）

⑦教材・ワークシート

用意した教材

- 事前アンケート「あなたにとって友達とはどんな存在か」について生徒が回答した意見をまとめたもの
- ホワイトボード（90×120cm）各グループに1枚
- ホワイトボード用ペン（各グループに2～3本）
- ホワイトボードのイレイサー（各グループに1つ）
- 教師の説話で紹介する親友からの手紙と，自分が書いた手紙
- 「しんゆう」を漢字で書いたカード（黒板に掲示用）

| 新友 | 信友 | 深友 | 親友 | 神友 | 真友 | 心友 |

- 場面絵

手紙を読む赤松さん

笑いながら走っていく2人

・ワークシート

「しんゆう」って何？　　（　）組（　）番　名前（　　　　　　　）

① 中学校に入ってから仲が悪くなってしまった2人がときどき話すようになったのはなぜだと思うか。

② 「私たち，いつも一緒にいるわけじゃないけど，『しんゆう』なんです！」と言った2人はどのような関係だと思うか。

③ あなたが考えるほんとうの友情とはどのようなものだと思うか。この授業で感じたことや考えたことも含めて考えましょう。

④ 授業を終えての感想や，感じたことや考えたことを書きましょう。

※実際のワークシートは①〜③の発問が記入されていないものを使用した。

あとがき

　本書は，新しく「特別の教科」となる道徳授業が，どうすれば面白くなるかをテーマにして論じた本である。これまで道徳授業は，しばしば子どもたちから「つまらない」「退屈だ」と言われてきただけに，「こうしたら面白い！」と自信をもって言えることを理論的にも実践的にも明確に提示していこうと考えたわけである。

　編者（押谷，諸富，柳沼）は三者三様で，それぞれ独自の道徳教育観や指導観をもっているが，「わが国の道徳授業を面白くしたい」という熱い想いはまったく一致している。そこで，3人の編者が集まって，新しい「道徳科」についてのイメージを自由に語り合い，それぞれが面白いと思える理論や授業実践を推薦し合う形を取った。そして全国の優れた道徳教育研究者や授業実践者の方々に広く呼びかけ，ご賛同を得ることで多様な執筆陣にご協力をいただくことができた。
　それゆえ，本書は先に指導原理や方法論を確立してから，それに合わせて理論を構築したり授業を実践したりしたわけではない。むしろ，これまであった数多くの優れた先進的な理論や授業実践を振り返り，編者同士が選りすぐりのものを見出し，これからの教科化時代を牽引するような面白い提案をしていったのである。

　これまでの道徳授業が「面白くない」と言われてきたのは，あまりに昔ながらの型にはまりすぎて，授業実践者一人ひとりの個性や能力を封じ込めてしまったからである。型を守り続けることもたしかに大事であるが，その型を破って乗り越え，新たな型を多方面に伸び伸びと創り出すことも，今後はいっそう重要になるだろう。それなら，それぞれの研究者や授業実践者のもち味を生かしていただき，自由かつ創造的に新しい道徳授業のあり方をどんどん提案していくことにした。
　もちろん，今後は学校の正規授業となる道徳科で行う以上は，押さえて

おくべきポイントは確かにある。「面白ければ何でもあり」というわけにはいかないだろう。また，新しい学習指導要領には，多様で効果的な学習方法として「問題解決的な学習」や「体験的な学習」などが推奨されているが，それらにしても道徳科の本質を十分理解し，正規の指導内容を踏まえて創意工夫することになる。

　その意味で，本書で提案された道徳授業は，これまでの型を打ち破って自由で創造的な面をもちつつ，ストイックに道徳科の本質を押さえている面も有している。読者諸氏には，ぜひこの絶妙かつ彩り豊かな理論や授業実践の数々をご堪能いただければと思う。

　そして，いろいろな道徳教育の理論や授業実践に刺激されたり啓発されたりするところがあれば，ぜひそうした授業の理論や授業実践を活用していただきたい。また，本書をヒントに新たに面白い道徳授業をいろいろ創り出していただきたい。こうした多様で効果的な道徳授業の実践を積み重ねることで，面白い道徳授業が全国的に広まっていくことを願いたい。

　最後に，本書の企画から編集までを担当していただいた図書文化社の東則孝氏に心より感謝を申し上げたい。個性の強い3人の編者を集め，自由で率直な意見の交流を促したうえで，こうしたたくさんの執筆者のユニークな提案を見事にまとめられたことに心から敬意を表したい。

　普通の常識的な発想では，こうした編集企画は生まれてこなかっただろう。その偶発的で刺激的な交流からいくつもの不思議な化学変化が生じていったように思われる。

　本書が道徳科で学ぶ子どもたちから本気で「面白い！」と言われるような授業づくりのきっかけになれば，これに勝る喜びはない。

平成27年5月

柳沼良太

◎執筆者紹介◎

押谷　由夫　昭和女子大学大学院教授（序文・第1章第1節）
諸富　祥彦　明治大学教授（まえがき・第1章第2節）
柳沼　良太　岐阜大学大学院准教授（第1章第3節・あとがき）
七條　正典　香川大学教育学部附属教職支援開発センター教授（第1章第4節）
西野真由美　国立教育政策研究所総括研究官（第1章第5節）
田沼　茂紀　國學院大學教授（第1章第6節）
林　　泰成　上越教育大学副学長（第1章第7節）
柴崎　直人　岐阜大学准教授（第1章第8節）
渡辺　弥生　法政大学教授（第1章第9節）
佐藤　幸司　山形県朝日町立宮宿小学校教頭（第2章第1節）
植田　清宏　京都市立桂坂小学校教諭（第2章第2節）
加藤　宣行　筑波大学附属小学校教諭（第2章第3節）
竹井　秀文　東京学芸大学附属竹早小学校教諭（第2章第4節）
村田　正実　千葉大学教育学部附属小学校教諭（第2章第5節）
森　　美香　千葉市立犢橋小学校教諭（第2章第6節）
木下　美紀　福岡県福津市立上西郷小学校主幹教諭（第2章第7節）
林　　敦司　鳥取県八頭町立大江小学校教頭（第2章第8節）
齋藤　道子　文京区立大塚小学校副校長（第2章第9節）
船越　一英　和光市立白子小学校主幹教諭（第2章第10節）
坂本　哲彦　宇部市立西宇部小学校校長（第2章第11節）
大藏　純子　岐阜県羽島郡笠松町立笠松小学校教諭（第2章第12節）
渡邉　泰治　新潟市立早通南小学校教諭（第2章第13節）
柴田　　克　君津市立小糸中学校教頭（第3章第1節）

石黒真愁子　さいたま市立指扇小学校教頭（第3章第2節）

松原　好広　荒川区立第七中学校副校長（第3章第3節）

松元　直史　福岡市立照葉中学校指導教諭（第3章第4節）

丹羽　紀一　多治見市立陶都中学校教諭（第3章第5節）

土井　智文　岐阜大学教職大学院教育臨床実践コース（第3章第6節）

三浦　摩利　多摩市立多摩中学校指導教諭（第3章第7節）

（以上，執筆順，平成27年9月現在）

■編者紹介

押谷　由夫（おしたに・よしお）
昭和女子大学大学院教授。1952年滋賀県生まれ。広島大学大学院修了，教育学博士。高知女子大学助教授，文部科学省初等中等教育局小学校課教科調査官（道徳担当，14年）を経て現職。日本道徳教育学会会長。心を育てる教育研究会を主催。専門は，道徳教育，教育社会学，教育学。編著書に『総合単元的な道徳学習論の提唱』（文溪堂），『「道徳の時間」成立過程に関する研究』（東洋館出版社），『世界の道徳教育』（共訳編著，玉川大学出版部），『小学校新学習指導要領の展開　道徳編（平成20年版）』（明治図書），『小学校学習指導要領の解説と展開　道徳編』（教育出版），『道徳の時代がきた！』（教育出版）ほか多数。平成13年度より『心のノート』（文部科学省）の作成に携わる。

諸富　祥彦（もろとみ・よしひこ）
明治大学文学部教授。1963年福岡県生まれ。筑波大学，同大学院博士課程修了。教育学博士。千葉大学教育学部講師・助教授（11年）を経て現職。「現場教師の作戦参謀」として，抽象的ではない実際に役立つアドバイスを先生方に与えている。悩める教師を支える会代表。著書に『「問題解決学習」と心理学的「体験学習」による新しい道徳授業』『図とイラストですぐわかる教師が使えるカウンセリングテクニック80』『新しい生徒指導の手引き』『「7つの力」を育てるキャリア教育』（図書文化），編著書に『これからの学校教育を語ろうじゃないか』（図書文化），『ほんもののエンカウンターで道徳授業』（小学校編・中学校編，明治図書），共著『すぐできる「とびっきり」の道徳授業』（小学校編・中学校編，明治図書）ほか多数。著作・研修の案内はホームページ（http://morotomi.net/），講演依頼はメール（zombieee11@gmail.com）にて。

柳沼　良太（やぎぬま・りょうた）
岐阜大学大学院教育学研究科准教授，博士（文学），上級教育カウンセラー，ガイダンスカウンセラー。1969年福島県生まれ。早稲田大学文学部助手，山形短期大学専任講師を経て現職。日本道徳教育学会理事，中央教育審議会道徳教育専門部会委員，道徳教育の改善等に係る調査研究協力委員。著書に『問題解決型の道徳授業』（明治図書），『「生きる力」を育む道徳教育』（慶應義塾大学出版会），『実効性のある道徳教育』（教育出版），編著書に『道徳の時代がきた！』『道徳の時代をつくる！』（教育出版）ほか多数。

新教科・道徳はこうしたら面白い
── 道徳科を充実させる具体的提案と授業の実際

2015年11月10日　初版第1刷発行　［検印省略］
2017年10月10日　初版第3刷発行

編著者	ⓒ押谷由夫・諸富祥彦・柳沼良太
発行者	福富　泉
発行所	株式会社　図書文化社

〒112-0012　東京都文京区大塚1-4-15
Tel.03-3943-2511　Fax.03-3943-2519
振替　00160-7-67697
http://www.toshobunka.co.jp/

組　版	精文堂印刷　株式会社
印刷所	株式会社　加藤文明社
製本所	株式会社　村上製本所
装　幀	中濱健治

JCOPY 〈出版者著作権管理機構 委託出版物〉
本書の無断複写は著作権法上での例外を除き禁じられています。複写される場合は、そのつど事前に、出版者著作権管理機構（電話03-3513-6969, FAX03-3513-6979, e-mail:info@jcopy.or.jp）の許諾を得てください。

ISBN 978-4-8100-5666-2 C3037
乱丁・落丁の場合は、お取りかえいたします。
定価はカバーに表示してあります。